「資質・能力」を育む授業と
評価「実践の手引き」

小学校

道徳科授業スタンダード

國學院大學教授
田沼茂紀
［編著］

東洋館出版社

はじめに

　平成30（2018）年4月、それまで昭和33（1958）年から60年間にわたって各学校で進められてきた「道徳の時間」から転換移行し、「特別の教科　道徳」＝道徳科として新たにスタートすることとなった。平成30年度からはまず小学校で、翌年の平成31年度からは中学校でと全国の義務教育学校で教科道徳が展開されることとなったのである。

　しかし、その前途は決して平坦ではない。なぜなら、戦前の修身科における教育成果検証が十分になされないまま戦後の価値観が混乱する最中で見切り発車された「道徳の時間」は、その特設の是非を巡る議論こそ潰えなかったものの、学校の教育課程に位置付けられた教育活動としての「道徳の時間」の実践や研究は他教科の実践研究活動と比べたらとても心許ないものであったからである。誤解を恐れずに申せば、教科書も学習評価もない曖昧な「教科外教育＝領域教育」として位置付けられてきたことから、その取組は地域や学校、教師によって取組の濃淡が際立っていた。その点で、他教科のような教育内容学と教育方法学に立脚した教科教育学としての積み重ねが十分でないところから新たに特別な教科教育としてスタートしなければならない難しさがあることを、まず押さえておきたい。

　ともすると、これまでの「道徳の時間」は心の教育という内容的な具体性の伴わない、学習成果といった指導効果が顕れにくい不可解な教育活動として敬遠される傾向にあった。よって、そこには明確なカリキュラム論や教材論、学習理論といった教科教育学的な方法論は育まれてこなかった。むしろ、心の教育とは何か、新人もベテランも関係なく授業を成立させるための手立てをどう講ずればよいのかといった道徳教育の在り方論から、突如具体的な指導過程方法論まで論ずるといった社会科学としての道徳教育理論にはあまり似つかわしくないようなモザイク的議論に終始してきた過去の経緯がある。

　しかし、「道徳の時間」は「特別の教科　道徳」＝道徳科に移行したのである。学校の全教育活動を通じて行う道徳教育は変わらないものの、「要」の時間としての道徳科授業がこれまでの道徳の時間の授業と同じであってよいはずがないのである。本書が「パッケージ型ユニット＆課題探求型道徳科授業」として提案することの出発点は、ここにある。

　本書が提案する「パッケージ型ユニット＆課題探求型道徳科授業」は、道徳科内容学と道徳科方法学とを基底にした道徳科教育学という立場に立っての理論的な考え方とその指導方法についての指南書である。その前提にあるのは、年間35時間（小1は34時間）、義務教育全体で314時間を学ぶ子供たちの道徳学びをどう創出し、どう道徳的資質・能力を高めていくのかという一点に尽きる。子供たちにとっては、道徳教育を巡る大人の思惑は関係ないことである。子供たちが同様に生きる他者とより善く生きることを支援することは、教師に限らず大人全体の責任であるという立場から論を展開していきたい。

　　平成31年3月吉日

　　　　　　　　　　　　　　　　　　　　　　　　　　　　　　　　田沼　茂紀

道徳科授業スタンダード

INDEX

第1章 理論編

「考え、議論する道徳」をどう実現するか ……… 008
1 これからの道徳科の考え方 ……… 008
2 道徳科で培う道徳的資質・能力とは何か ……… 009

國學院大學人間開発学部初等教育学科教授　田沼茂紀

道徳科が「特別の教科」であることの意味 ……… 014
1 教科「道徳科」をどのようにとらえればよいのか ……… 014
2 教科型道徳科授業を具現化するための基本方略 ……… 016

國學院大學人間開発学部初等教育学科教授　田沼茂紀

課題探求型道徳科授業の先にあるパッケージ型ユニットの考え方 ……… 022
1 教科教育型授業としての「課題探求型道徳科授業」の考え方 ……… 022

ステップ1 学習テーマを理解する ……… 023
ステップ2 共に追求する共通追求学習課題を設定する ……… 025
ステップ3 教材での学びから共通解を導き出す ……… 027
ステップ4 「共通解」を基に、個別の「納得解」を紡ぎ出す ……… 029
ステップ5 「納得解」実践化への新たな課題をもつ ……… 029

2 課題探求型道徳科授業の活力を生み出すパッケージ型ユニット ……… 032

國學院大學人間開発学部初等教育学科教授　田沼茂紀

第2章 実践編

①年生 よいこと探しの旅に出よう ……… 042

愛知県あま市立七宝小学校教諭　鈴木賢一

小学校

②年生　社会に進んでかかわろうとする気もち ……… 052
横浜市立南太田小学校教諭　吉野剛史

③年生　自分にできることは何だろう ……… 062
愛知県江南市立古知野東小学校教諭　井上敦子

③年生　かかわりの中で生きるわたし ……… 072
石川県白山市立蕪城小学校教諭　中橋和昭

③年生　どんな命も大切だから ……… 082
岡山大学教育学部附属小学校教諭　尾崎正美

④年生　人を大切にするっていうことは ……… 092
京都市立桂川小学校教頭　鎌田賢二

⑤年生　かけがえのない生命と向き合って ……… 102
千葉県柏市立名戸ヶ谷小学校主幹教諭　小泉洋彦

⑤年生　自分・他者・社会との関わりから、望ましい自己の在り方について考えよう ……… 112
兵庫教育大学附属小学校教諭　門脇大輔

⑤年生　未来へつながる今の自分 ……… 122
岡山大学教育学部附属小学校教諭　尾崎正美

⑥年生　かかわり合いの中での自分 ……… 132
川崎市立鷺沼小学校長　三ツ木純子

おわりに ……… 143

第1章 理論編

低学年

中学年

高学年

「深い学び」を生む単元型授業のつくり方

「考え、議論する道徳」をどう実現するか

國學院大學教授 **田沼茂紀**

ⓒれからの道徳科の考え方

(1) 「道徳の時間」から「教科道徳科」への大転換

　平成27（2015）年3月、学校教育法施行規則が改正され、「特別の教科道徳」＝道徳科が誕生しました。その後、教科書がつくられ、平成30（2018）年4月より小学校で全面実施されています（中学校は平成31年度より）。

　戦後の道徳教育混乱期から10年余を経て、昭和33（1958）年に特設実施された教科外教育（学校教育課程の一領域である教育活動）としての「道徳の時間」から、「特別の」という冠が課せられてはいるものの、国語科や社会科や算数・数学科と同様の「教科教育」としての道徳科へ大転換を果たしたわけです。

　なぜ、「特別の」と称する教科教育である必要があったのか…それは、各教科が成立する前提である教育活動として押さえるべき「内容的目標設定」ではなく、1単位時間の設定では到底到達することのできない人間としての在り方や生き方を追求する「方向的目標設定」の教育活動を目的とした「特別の学習時間」として設定されているからです。

　他教科と指導目標設定という点で一線を画した「特別の教科　道徳」ですが、その指導にあっては教科書があり、学習評価があり、通知表や指導要録での学習記録や学習指導成果の説明責任が伴います。営々と続いてきた「道徳の時間」では考えも及ばなかった教科教育としての道徳科がスタートしたのだと改めて認識する必要があるでしょう。

(2) 道徳科で求められるのは確かな指導の実効性

　そもそも道徳科が誕生した発端は、平成23（2011）年10月に当時中学校2年生であった滋賀県大津市の男子生徒が「いじめ」を苦に飛び降り自殺をした事件、その後相次いで発生したいじめ自殺事件を契機にしています。

　もちろん、道徳教育に即効性を期待したり、いじめ防止の切り札にしたりするといった極論がまかり通ったわけではありませんが、事実「特別の教科道徳」として道徳科が誕生した翌年の平成28（2016）年11月、時の松野一博文部科学大臣は、次のように述べています。

「現実のいじめ問題に対応できる資質・能力を育むためには、『あなたならどうするか』を正面から問い、自分自身の事として、多面的・多角的に考え、議論していく『考え、議論する道徳』へと転換することが求められています」

　このコメントの背景には、これまでは、ただ読み物資料で登場人物の気持ちを読み取

ることで終わっていたり、頭でわかっていることを言わせたり、書かせたりするだけで終わってしまっている授業に対する明確な問題意識があります。

　子供が自分事として考え、他者と議論し合って道徳的問題について真剣に考えられるような、実効性の伴う道徳科授業を世論は求めているのです。

道徳科で培う道徳的資質・能力とは何か

(1) 道徳科授業方法論に発想転換が求められる理由

　各地域にお邪魔した折によく尋ねられることがあります。いずれも現場教師の切実な声です。

　「これまでしっかりと子供たちの心に響く道徳授業をしてきたつもりだが、その方法を変えないといけないのか」

　「道徳授業の充実のために真剣に取り組んできたのに、何だか裏切られたような気がして腑に落ちない」

　「これまでどおりの授業のやり方ではダメなのか」

　このような学校現場からの声に対して、どう説明すればよいでしょうか。

　学校教育における道徳教育の重要性をきちんと認識し、子供たちの道徳性を育むために全教育活動を通じて様々な場面や機会をとらえて適切な道徳指導をしたり、週1回の「道徳の時間」の特質を踏まえながら意図的・計画的・発展的に授業展開できるよう腐心してきた教師ほど、「これまでの努力を無にされた」という思いが強くなるのではないでしょうか。しかし、だからと言って、これまでどおりでよいことにはなりません。

　なぜなら、学習指導要領が改訂されたからです。とても単純なことです。(他教科等においても同様ですが) 学習指導要領が全面改訂されると、目標や内容に変更が生じ、指導計画に係る教材や指導方法等を改めて見直すことになります。

　道徳科においても、学習指導要領一部改正により教科として誕生し、それに呼応して道徳科の目標や指導教材としての道徳科教科書が使用されるようになりました。そうである以上、教科書に所収された指導教材を用いながら新学習指導要領に準拠した指導計画を作成し、指導目標を効果的に達成できる指導方法へと転換することが求められるのです。

(2) 道徳的実践力形成から道徳的資質・能力形成へ

　平成27 (2015) 年3月の学習指導要領一部改正では、第3章「第1目標」についてもこれまでにない大きな変化が見られます。それは、子供たちの道徳性形成の方法論から、学び方や学習を通して子供たちが身に付けるべき道徳的資質・能力形成へと大きく軸足を転換したことです（資料1）。

[旧] 各教科、外国語活動（小のみ）、総合的な学習の時間及び特別活動における道徳教

資料1　道徳科で育成を目指す道徳的資質・能力

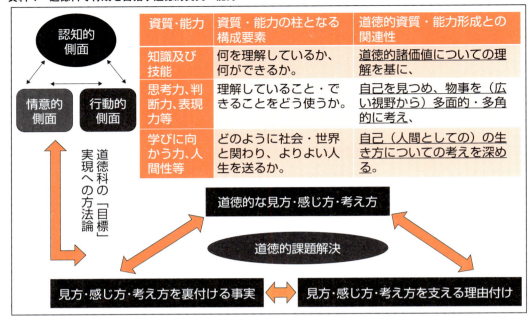

　育と密接な関連を図りながら、計画的、発展的な指導によってこれを補充、深化、統合し、道徳的価値の自覚及び自己の生き方についての考えを深め（中：道徳的価値及びそれに基づいた人間としての生き方についての自覚を深め）、道徳的実践力を育成するものとする。

▼

[新] よりよく生きるための基盤となる道徳性を養うため、道徳的諸価値についての理解を基に、自己を見つめ、物事を（中：広い視野から）多面的・多角的に考え、自己の生き方（中：人間としての生き方）についての考えを深める学習を通して、道徳的な判断力、心情、実践意欲と態度を育てる。

　たとえ道徳性形成という本質は同じでも、学習指導要領の目標が変われば、当然そこで意図すべき事柄や、目標実現のための指導方法も変えることが求められるのです。

(3) 道徳科で育む道徳的資質・能力

　資料1は、学校教育法が規定する学校教育において重視すべき3要素にしたがって小・中学校学習指導要領の目標が定められていることを示したものです（「何を理解しているか、何ができるか（知識・技能）」、「理解していること・できることをどう使うか（思考力・判断力・表現力等）」、「どのように社会・世界と関わり、よりよい人生を送るか（学びに向かう力、人間性等）」）。

　これは各教科等が「育成を目指す資質・能力」形成に向けて示された指針であり、道徳科も含めた各教科等で学習展開する際の指導観点です。同時に、「知識及び技能」「思考力、判断力、表現力等」「主体的に学習に取り組む態度」という学習評価の観点とし

ての役割をも果たすものです。
　道徳科においても、毎時の指導を通じて目標に示された、以下の３つの資質・能力形成に向けた授業づくりに取り組む必要があります。

> ①「道徳的諸価値についての理解」
> ②「自己を見つめ、物事を広い視野から多面的・多角的に考え」
> ③「自己あるいは人間としての生き方についての考えを深める」

　このことは、これまで支配的であった「心情重視型道徳授業」から、「論理的思考型道徳科授業」への転換の必要性を示唆するものです。
　道徳的問題解決のためには、自らのものの見方・感じ方・考え方の根拠となる事実を教材や友達の意見から見付け出して整理し、思考・判断し、それに基づく自らの道徳的な見方・感じ方・考え方を主張することが大切なのです。
　言わば、「データとしての事実理解」⇒「根拠に基づく理由付けのための思考・判断」⇒「自己理解に基づく価値観の表明」という３段階の論理的思考の道筋を辿る道徳的学習活動です。この三角ロジックが今後の重要な学びの鍵を握ります。

(4) 道徳的資質・能力をフル活用しての道徳的価値観形成

　道徳科は、他教科のように毎時間の学習成果の積み重ねを前提とした内容的目標設定ではありません。まずは子供の日常的道徳生活の一断片を切り取って道徳科の主題とすることです。そのうえで、以下を意図することで、方向的目標設定となります。

> ①主題を共通の道徳的追体験として協同思考するために道徳教材で「補充」し、
> ②協同思考するために必要な共通追求学習課題にしたがって語り合い（考え・議論する）を「深化」させ、
> ③最終的に共通学習課題追求という協同学習を通して得た子供一人一人の道徳的価値観を個の内面で意味付けて「統合」するという人間としての在り方や生き方を問い・学び続ける。

　この「補充・深化・統合」という子供一人一人の内面で展開される道徳学習プロセスを経ることが、最初に切り取った一断片としての子供の道徳性を確実に拡大させます。道徳科での学びの成果を再度日常的道徳生活へ戻した際には、広く多岐にわたって活用できる（可能性としての）汎用性をもって役立つ道徳性（道徳的実践を可能にする内面的資質としての道徳的実践力）として機能できるようになるのです。
　この**道徳学習プロセスには、教科としての学びの道筋が存在する**ことも理解できるでしょう。
　学校には、偏見に満ちたジンクスがあります。たとえば、「道徳は心の教育だから、他教科と同じような指導をしてよいはずがない」「道徳は押し付けてはいけないから、すべて子供に任せないといけない」といった妄信に近い思い込みです。

資料2　共通追求学習課題から「共通解」そして「納得解」へ

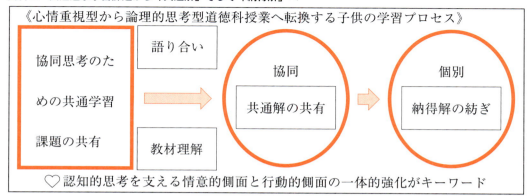

（冷静に考えれば理解できることですが）子供にとって1時間の授業は、（教科等の種別にかかわらず）常にあくまでも1時間の授業であり続けます。そこに、私たち教師が国語科とか社会科、あるいは道徳科というラベルが貼っているにすぎません。

そう考えるならば、子供の主体的な学習を促進するには、（社会科学的な見地から）**子供の道徳学習プロセスをどのように組み立てるのかという発想こそが重要**です。そのためには、心情どっぷり型の「心情重視型道徳授業」から認知的側面を重視した「論理的思考型道徳科授業」への転換が欠かせません（資料2）。そうすることで「子供が考え、議論する主体的な道徳学び」を実現できます。

まずはそんな素朴な問い直しから道徳科授業を考えたいと思います。その先にあるのは、道徳的資質・能力形成に基づく子供の道徳的価値観の創造なのです。

(5) 協同思考活動による「共通解」の共有と「納得解」の紡ぎ

道徳科授業では、なぜ語り合い（議論）を重視するのでしょうか。理由は様々考えられると思います。たとえば、（「目から鱗」という諺にもあるように）他者と対話することで、それまで自分が全く考えなかった多様なものの見方・感じ方・考え方に触れることもできるでしょう。また、日常生活のなかで気にもかけなかった友達の意外な物事の考え方や価値観に触れることもできるでしょう。さらには、自信をもてないでいた自分と同様の考え方に触れて安堵することもあると思います。

他者対話は、語り合いとなり、相互の考え方のやりとり合いとなることで、知らなかったこと、考えなかったことへの気付き、客観的で論理的な道徳思考を可能にしてくれます。

ただし、道徳科授業を「考え、議論する」場にするには、それだけでは十分ではありません。人間の価値観は、他者に言われたからといって簡単に変容するような生やさしいものではないからです。他者対話をするときに無意識的かつ同時進行的に自らと自己内対話し、「今まで考えもしなかったが、真剣に問うべきだ」「この人の考え方も一理あるので自分も取り入れよう」といった自分事としての価値観形成（認知思考の枠組み拡大）

資料3 他者対話と自己内対話の相互補完性

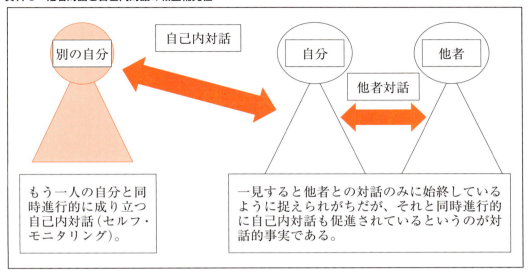

を知らず知らずのうちに促進しています（資料3）。このことは、「3人寄れば文殊の知恵」であり、論語の一節「学びて思わざれば則ち罔く、思いて学ばざれば則ち殆し」なのです。

＊

　論理的思考型道徳科授業を進める第一歩は、学習の当事者として他者と共に課題追求する必然性としての学習課題を共有することです。そして、その課題追求のプロセスで多くの人が大切だと考える「共通解」としての道徳的価値を共有することです。

　さらにそれを受けて、自らの道徳的価値観の主体者である自分は、その「共通解」をどう受け止め、どうしようとしているのかを自覚化すること（「納得解」）なのです。

「深い学び」を生む単元型授業のつくり方

道徳科が「特別の教科」であることの意味

國學院大學教授 田沼茂紀

教 科「道徳科」をどのようにとらえればよいのか

(1) 頭でわかっていることをなぞらせるだけの授業は、道徳科授業ではない

　道徳科授業について語るとき、冒頭で取り上げた素朴な疑問を考えてみたいと思います。

　小学生であれ中学生であれ、子供たちは道徳学習をする前から、「自分のことは自分でする」「人には嘘をつかないで誠実に接する」「誰かに会ったら挨拶をしたり、何かをしてもらったら御礼を言ったりする」「困っている人には優しく親切にする」「友情は大切だから大事にする」「たった１つの生命はかけがえのないものだから、どんなときも大切にする」（小・中学校学習指導要領「第２　内容」に示す道徳的価値項目の内容）ことをすでに知っています。そうだとしたら、授業において、子供たちにどのような道徳学びを期待すればよいのでしょうか。

　「すでにわかりきっている事柄を、なぜ道徳科授業では毎年繰り返し指導しなければならないのか」そう考えると、白々しい思いで教師は教壇に立つこととなってしまうでしょう。

　教師は子供たちよりも人生の長い時間を過ごし、身をもって学んできた様々な道徳的価値観を自らの内面に有しています。そんな教師は、ときとして、「座学で、それも週１回のわずか45分や50分の授業で何を学ばせるのか」「教科書を読めばすべて答えが書いてあるではないか」といった憤懣やるかたない思いを抱くのでしょう。

　そんな道徳が教科となり、教科書もあって、子供たちを褒め励ます評価を通知表に書き込んで保護者に知らせたりする必要性に迫られるわけです。年度末には指導要録への評価も必要です。これでは、「個々の学びのデータをポートフォリオ評価として蓄積しないと後で困る」といった強迫観念が頭をもたげ、こなすだけの授業になりかねません。

　そうならないためには、（道徳科も含め）「教科とはいったい何か」について確認する必要があります。そもそも教科とは、学校における教育指導の観点から知識やスキルが体系化されて構成された学習内容の括りであり、そのなかの１つに位置付けられるのが「道徳科」です。

　教科は決して固定的なものではありません。そのときどきの時代背景や文化の推移によっても様々に再構成される性質のものです。たとえば、小学校であれば「生活科」「外国語科」「総合的な学習の時間」「外国語活動」等は、時代的要請によって誕生したもので、他教科からは分離・独立した形で、新たな教科概念をもっています。

　では、「道徳科」固有の教科概念とは何でしょうか。

　戦前では学科課程の筆頭教科「修身科」と称されていましたが、戦後すぐに教育課程

から姿を消しました。その後は、教科外教育活動（教科ではない領域）としての「道徳の時間」となり、現在「特別の教科　道徳」＝道徳科に移行・転換しました。このような歴史的経緯を踏まえれば、今日なぜ道徳科が誕生したのか、どのような教育活動が期待されているのか、子供たちにどのような学びを形成していけばよいのか（成果）について、学校や教師は真剣に考える必要があると思います。

道徳科の目標は、学習指導要領第3章に述べられたとおりで、すべてはそこからはじまっています。

(2) 「特別な」ではなく「特別の」であること

道徳の時間から道徳科へ転換することとなった際、学校関係者から上がった疑問は、なぜ「特別な教科　道徳」ではなく「特別の教科　道徳」なのかということでした。確かに特別「の」と特別「な」では、その意味合いが異なってきます。特別という語意には、「他のものと明確に区別する」という意味が含まれています。このことから、他教科とは一線を画すという意図がうかがわれます。

具体的に述べれば、他教科の指導では1時間の目標として指導内容を的確に押さえます（内容的目標設定）。一方、道徳科では人間としてのより善い在り方や生き方を問い学ぶ時間であることから、(その性格上)1時間の学びで完結するというものではありません。このような教科実施上の事情から、道徳科における1時間の目標は「方向的目標設定」となります。

子供の学びの視点からとらえれば、指導に際しては「特別の配慮」が求められる教科、各教科とは目標設定や指導の在り方において一線を画した教科であることがわかります。このことをもって「特別の教科」と称しているのです。

(3) 教科書導入と学習評価実施で留意したい「特別の」の意味

教科となったことで、授業では採択教科書が使用されました。また、子供一人一人の学習状況を評価し、通知表や指導要録に記入することになりました。こうした事柄が日常化するにつれて、あえて「特別の教科」としたことの意味が曖昧にならないとも限りません。学習評価を進める観点の固定化や硬直化がないように努める必要があるでしょう。

> 《「特別の教科　道徳」である特質を大切にしていくためのポイント》
> ♥採択教科書で配列された教材の順に従った年間指導計画が定着しないよう、学校や子供、地域の実態に即した弾力性ある年間指導計画立案・展開を心がける。
> ♥採択教科書所収教材を「当たり前の前提」とした画一的な道徳科授業カンファレンスとならないよう、多様性を互いに容認し合うよう心がける。
> ♥採択教科書教材ありきの前提で、各教材内容に即した観点で子供たちの道徳学び評価を画一的に実施するようなことがないよう心がける。

また、(「特別の」という前提こそあるものの) 採択教科書が各地域に根を下ろして定着したとき、(道徳科の特質を踏まえた授業展開を大切にすることもさることながら) 道徳科授業が内向きで語られることがないようにする必要があります。

　ある先学は、「いきなり教師の範読で授業が進む。読解力や記憶力の優れた子供ならともかく、普通の能力の子供では内容を十分に理解することは難しいだろう。いくら発問や指導法の工夫を色々研究しても、学んだことが子供の記憶にすら残らなければ学習したことにはならない。道徳が教科化されても、従来の授業展開では、成果は期待できない」と語っています (竹内善一著『日本道徳教育学会報第47号』「学会ノート」後段より)。ときには、「その道徳授業、教師の思いがどれだけ子供たちの心に届いていますか?」「子供の心を育むために、どう手を尽くしますか?」と互いに自戒し合いたいものです。

教 科型道徳科授業を具現化するための基本方略

(1) エビデンスをベースにした道徳科授業づくり

　これからの道徳科授業において、子供たちの道徳性をどのように育むのか、その具現化に向けた方略を構想するとき、大切になってくるのが「エビデンス (evidence)」という考え方です。

　最近よく耳にするようになったこの用語は、結果に結び付く根拠という意味合いで、ITや金融、流通、医療、福祉などの業界で使われています。この考え方を援用するなら、「子供たちの道徳的成長はどのような根拠をもって結果説明できるのかという問いに対する明快な指針と方略を示すこと」であるととらえることができます。授業改善に手を尽くしていく際に、説得力のある根拠や証拠が伴う授業づくりの方略、見通しが必要だからです。

　本書で企図するエビデンス・ベース型の道徳科授業は、下記の段階まで辿り着くことを到達点としています。

○子供一人一人が、その学習を通して、道徳的課題探求意識を明確にもって協同学習に臨むこと。
○自分たちの発達の段階に即して道徳的価値をきちんと理解し合い、意味付け共有し合うこと。
○共有し合ったことを再度自分事として「再検討して納得できる最適解を見いだしたり、実践化への見通しやそれを実践する自分のイメージがもてたりする」こと。

　このようなエビデンス・ベース型の道徳科授業を展開するには、「**明確な設定目標と、それを実現するための学習内容と学習活動の一体化**」が不可欠です。このことは、教科教育型道徳科授業という考え方でもあります。

　以下のように要約することができます。

> 《エビデンス・ベースに基づく教科教育型道徳科授業の学習プロセス》
> ♥ その授業で自分が学ぶ明確な学習課題意識をもっていること。
> ♥ そこでの学びを通して自らが善く生きるために前提となる道徳的価値について、協同学習を通してきちんと理解し、「共通解」(多くの人が価値あることと合意形成できる望ましさ)として共有し合えること。
> ♥ 「共通解」の共有という立場から道徳的価値を自分事として検討し、自ら納得できる「納得解」(個としての最適解)として再度意味付けたり、今後の実践化へのイメージを思い描いたりできる。

　授業改善の視点は、教師が年間教育実践の多くを担っている教科型へ、さらに言うならば、自分が最も得意とする教科指導に引き寄せることです。そうすることで、具体化された「学習課題の設定」⇒「協同学習による共通解の共有」⇒「個の自分事としての納得解の紡ぎ」といった「設定目標具現化のための学習内容と学習活動の一体化」につながります。

　指導がぶれず、子供が明確な学習課題の下で学ぶなら、(黙っていても)「主体的・対話的で深い学び」が実現するでしょうし、個々の学びの姿や学んだ事柄が肯定的学習評価として否応なく目に飛び込んでくるでしょう。子供が活躍できない教師主導型授業が横行してしまうのは、教師の内に指導不安があるからなのだろうと思います。

(2) 教科教育型にすることで刷新される道徳科授業の姿

　小学校では、平成30(2018)年度より全面実施された道徳科ですが、各学校では何かしら劇的な変化が起こっているでしょうか。授業は活性化しているでしょうか。

　いまだ、あらかじめ教師が用意した指導意図どおりの発問、ワークシートから逸れることなく、子供が発言したり、書いたり、発表したりしている授業であるなら、いくら挙手の数や発言回数が多くても、子供の主体的な学びになっているとは言いがたいでしょう。

　子供が自らの道徳学びを実現しようとするなら、本時のねらいに迫るためにいちばん問いたい中心発問と、子供たちが主体的な協同学習を展開するために自ら設定した「共通追求学習課題」とが一致している必要があります。すなわち、教師の目指す方向性と子供たちが主体的に課題追求する学びの方向性の一致です。

(3) 道徳学び創出のために共通追求学習課題を設定する

　私はこれまで、道徳教育や道徳授業の充実・発展を念じつつ、多年にわたって研究に携わってきました。その間、ずっと腑に落ちないことがあります。それは、従前の「道徳の時間」における授業論は、教育学とは異なる文脈で語られることが多いのではないかということです。単なる印象ではありません。従前からの道徳教育理論を順次紐解けば、容易に想像がつきます。

これまで道徳教育は、人格教育、豊かな心の教育など倫理・哲学的イメージ論で語られる一方で、イデオロギー（戦前の修身教育を引き合いにした道徳悪玉論）払拭のために、心理学や臨床心理学的立場から科学的に道徳性発達の段階的上昇を証明しようとする理論検証的な方法論にも翻弄されてきました。

　このような混乱が生じた背景には、道徳教育研究を担ってきた研究者のバックグラウンドが、哲学、倫理学、心理学、社会学など実に様々で、それぞれの立場から主張がなされてきたからです。本来は、学校教育を主軸に理論構築・展開されるべき事柄であるにもかかわらず、教育学や教科教育学のロジックで語られるべき部分がすり替えられてきました。

　道徳授業に対しては、次のような主張がありました。

「価値を押し付けたり、教化によって教え込んだりしてはいけない」

「他教科とは異なり、心の教育だから学習のめあてとか学習課題等は設定すべきではない」

「授業展開は、教職キャリアの深浅に関係なく指導できるように導入⇒展開⇒終末という指導過程の一定の手順に従い、形式に則って展開すべきである」

「教師の発問構成によって、ねらいとする価値に引き寄せて自覚化させるのが大事である」

「子供相互の内面の語り合いが大切なのだから、書く活動は二の次にすべきで、教科とは違うのだからノート活用なんかとんでもない」等々

　まさに「道徳授業べからず論」です。

　およそ教育科学とは似つかわしくない道徳教育論や道徳授業論では、これからの「特別の教科」である教科教育型の道徳科授業へ転換していくことは困難です。

　これからの道徳科授業づくりの要諦は、子供の主体的な学習を保証する子供自身の学習課題意識を明確にすることにあるのです（資料４）。

《道徳科授業づくりの要諦となる必須要件》
- ♥道徳科は「特別の」という冠は課せられているが、子供の課題意識によって導かれる教科教育型授業とすべきである。
- ♥あらかじめ授業展開形式が定められた指導過程論では、「考え、議論する」授業を実現できないので、子供の視点に立った学習プロセス論を前提とした授業づくりによって「主体的・対話的で深い学び」を実現する。

(4) 共通追求学習課題と子供の道徳的発達課題の関係を考える

　道徳科授業では、子供たちが協同学習を展開するための「共通追求課題」の設定が欠かせません。それは、「スタートフリー・ゴールフリーな個別的道徳学び」という子供の道徳学習の特質にその理由があります。

　道徳科授業に臨む子供の道徳的実態は、実に様々です。**道徳性が高い子供も、道徳性**

資料4　子供の主体的な学びの姿

道徳科で一人一人の子供が主体的に学んでいる姿とは？

- 教材中の人物の生き方に自我関与している
- 教材中の道徳的問題を自分事として受け止めている
- 普段の自分の道徳生活（善くも悪くも）に重ね合わせて問題を考えている
- 自分のこれからの道徳生活の姿をイメージしながら、望ましい問題解決の在り方を考えている

道徳学びでは、「もし自分がこの人物の立場だったらどうするだろうか…」と自分事として考えられることが大切である。だからこそ、論理的思考として「自ら客観的に対象化して多面的・多角的に思考・判断・表現（頭でわかっていても実際は…）する」ことが大切。

がまだ十分に開花していない子供も一緒くたになって協同思考するところに道徳学習の特質があります（スタートフリー）。

　他教科では、既習学習経験の差異が大きいと、その先の学習経験を拡大していくことがむずかしくなります。そのため、単元導入に際して診断的評価を行ったり、既習学習経験をおさらいしたりすることで復習的にスタートラインを揃えることになります。

　しかし、道徳性は、個々の子供が日常的道徳生活のなかで培ってきたものです。そうたやすく揃えられるものではありません。そこで、道徳科授業では、「そもそも差異があることを所与とする」というとらえが大切です。別に揃える必要はありません。AくんにはAくんの道徳学びのスタイルがあり、BさんにはBさんの道徳学びのスタイルがある、それでよいのです。

　道徳科授業は、子供が自らの道徳的価値観を共通の道徳的追体験としての道徳教材を用いながら、主題設定した道徳の内容項目という協同思考のための共通課題の窓口をもって交流する時間です。その協同学習で手にするのは、自分とは異なる多様な価値観をもつ仲間の見方・感じ方・考え方に触れることです。

　また、意図的・道徳的体験を通して自らの価値観を再吟味・検討し、確かな個として高められた道徳的価値観を個別に構築するところに道徳学習の意味があります。そこで得られるものは、ゴールフリーな個別の道徳学びとして再構築された道徳的価値観です。

　「芋こじ」という言葉をご存知でしょうか。文字どおり「擦るとすぐに傷んでしまう

里芋を洗い清める」という意味です。水の入った桶に里芋を入れて棒とか板でかき回すと、芋と芋とが互いにぶつかり合い、こすれ合って、うまい具合にいずれの里芋も傷むことなく汚れが落ちてゆくのです。

　この「芋こじ」が、互いの道徳的なものの見方・感じ方・考え方を鍛え合い、深め合い、学び合う協同学習の意味です。協力し合って１つのことを成し遂げる「協働」でもなく、共に同じことをする「共同」でもなく、協力し合って同じ窓口から個別な道徳学びをして相互が不利益を被ることなく磨き合うという意味で「協同」なのです。

　子供の道徳的価値観は個性的であり、個別的です。そうである以上、**道徳科授業はスタートフリー、ゴールフリーな子供の道徳学びを深める道徳的追体験と、多様な価値観に触れるという道徳的感情体験の場**となればよいのです。その際に必要となるのが、協同思考を展開するための「共通追求学習課題」であり、子供一人一人が自らの道徳的価値観を高めるために自問自答するうえで必要な「自分事としての学習課題」です。

　道徳科授業における「共通追求学習課題」は、協同思考を促すきっかけであり、個別な道徳学びを意味付けて、自らの在り方や生き方を問う「発達課題」でもあるのです。

(5)　「共通追求学習課題」を設定するための学習テーマのとらえ方

　多くの教師は、教科指導において「段落を分けて考えよう」とか「分数のたし算」といった単元名や題材名を板書します。板書された「学習テーマ」のもつ意味、期待する意図はきわめてシンプルで、その時間の「学びの方向性」を子供たちにガイドしているわけです。

　たとえば、京都へ旅行するのに仙台の方角に向かって歩み出したら、回り道以外の何ものでもありません。場合によっては、自分の立ち位置さえわからないままに旅行自体を断念するかもしれません。こうした日常的な喩えからもわかるように、物事のスタートを切るには、適切な方向付けが不可欠なのです。これは道徳科授業においても同様です。

《道徳科授業で「学習テーマ」が果たす役割》
- ♥本時の道徳科授業で的確に課題追求するための方向付けの役割を果たす。
- ♥教師の意図する指導方向と子供が含意する個別な学習課題との齟齬が生じないよう、あらかじめ明確にする役割を果たす。
- ♥共通追求学習課題や個別な学習課題を「学習テーマ」として明確に方向付けすることで、主題を構成する中心価値とそこから派生する関連価値の関係性を把握しながら混乱なく道徳的価値体系として学べるナビゲーターの役割を果たす。

　よい道徳教材には、必ず多様な道徳的価値が同居しています。たとえば、友情、思いやり、寛容、公正公平さ等々、教材に含まれる道徳的価値構成を理解しつつ授業構想したとしても、最初に「今日は思いやりについて考えてみましょう」といったナビゲートをしないと、途中で齟齬を来します。

いくら教師が思いやりを主題に据えて授業を構想していたとしても、子供によって「友情」という価値でとらえる子がいる一方で、「公正公平」という価値でとらえる子もいます。ただそのまま何の手立ても打たなければ、授業が進むにつれて発言内容の食い違いが露わになってきます。

　「おや？」と思って教師の意図に気付いたとき、子供がきっと腹立たしさのなかで自らの浅はかさを後悔し、憤懣やるかたない思いで道徳的思考のシャッターを閉じてしまうことでしょう。道徳科授業と自分との断絶です。そうならないための「学習テーマ」であり、「学びのめあて」です。こうしたナビゲートが必要なのです。

　（先述のとおり）子供たちが協同学習としての道徳的学びを展開していくためには、互いに共有する道徳的追体験が不可欠です。それがなければ、「芋こじ」としての子供相互の道徳的価値観の鍛え合いははじまりません。だからこそ、その契機となる道徳的諸価値を多様に含んだ道徳教材が必要なのです。

　そもそも道徳的価値は、単独では成立し得ないものです。様々な価値が複合的に関与し合い、まとまりのある道徳的価値体系を形づくっています。そうである限り、主題にかかわる道徳的価値を追求するために設定する共通追求学習課題は、その多様な道徳的諸価値を体系的に理解するための一里塚となります。

　そこから派生する子供一人一人の個別な学習課題は、共通追求学習課題と相互補完的に機能し合い、結果的に個々の内面に固有の道徳性を形成する一助としての役割を果たすのです。

「深い学び」を生む単元型授業のつくり方

課題探求型道徳科授業の先にあるパッケージ型ユニットの考え方

國學院大學教授 田沼茂紀

教科教育型授業としての「課題探求型道徳科授業」の考え方

(1) 「課題探求型道徳科授業」の基本的な考え方とは何か

「道徳授業を教科教育型の課題探求型道徳科授業にしてはどうか」と提案すると、教師の反応は次の2とおりに分かれます。

1つは、「これまでの授業スタイルでは主体的な子供の道徳学びを創出しにくいので、まずはともあれチャレンジしてみよう」という反応です。

もう1つは、これまで慣れ親しんできた指導過程論や自分流の指導方法を否定されたような気持ちになって拒否的にとらえる反応です。

新しい取組をはじめようとするとき、2つめの反応となるのは仕方がない面もあります。ただ、そのような場合にも、教師としてどのような道徳科授業を目指し、それが本当に子供の学びを充実するのかという視点から、たえず自らの方法論的改善に取り組もうとしているのかが問われるべきでしょう（資料5）。

学習者中心の能動的道徳科授業は、「子供自身が道徳的学びをする必然性をもっている」ことを前提とします。教科教育型の「課題探求型道徳科授業」という名称こそ馴染みがないかもしれませんが、「教師が普段行っている教科教育指導の進め方を道徳科授業に採り入れましょう」ということです。そのようにとらえれば、「何を指導すればよいのかわからない」「どうやったら子供に道徳を学ばせられるのかわからない」といった悩みは、少し解消されるのではないでしょうか。

各教科での指導と道徳科での指導との間に違いがあるとしたら、何をもって学びとするか、その学びを実現するスタイルにあると考えられます。

主題という間口をもって互いのより善い在り方や生き方を子供たちが語り合い、小学校3年生であれば3年生なりに、中学校2年生であれば2年生なりに「頭では既にわかっ

資料5　教師主導型道徳授業から学習者中心の能動的道徳科授業への転換イメージ

教師主導型道徳授業のイメージ	目指したい能動的道徳科授業イメージ
◆子供が受け身になってしまう道徳授業	◆子供が主体的に進んで学ぶ道徳科授業
◆教師の意図するねらいに沿って予め成した発問の正解を探し求める道徳授業	◆子供自身が切実感をもって共通解や納得解を自ら見いだす道徳科授業
◆ひたすら教材中の人物の心の動きや場事柄のみを読み取り続ける道徳授業	◆子供が自分事として考え、議論する（胸襟開いて語り合う）道徳科授業

ている道徳的な価値理解を等身大の自分事として受け止め、再度見つめて考え、語り、影響し合って望ましさを共有（共通解）し、さらにそれをきちんと自分の納得する最適解として受け止める（納得解）ことを重視する」点に道徳科の指導の本質があるのです。

要約すれば、子供が自ら善く生きるために道徳的価値についてきちんと理解（共有し合える共通解）し、その理解に立って個の道徳的運用（納得解）を考えることだと言い換えることができます。

(2) 「課題探求型道徳科授業」の学習プロセス

課題探求型道徳科授業の基本原理は、クラスメートや教師とが一緒になって、互いが共により善く生きるための価値ある事柄や方法について考えをめぐらせることです。これは、物事の価値をとことん極めようという話ではありません。仙人や修験者のようなストイックな孤高の道を歩むものではないのです。

道徳は、市井のどこの誰にとっても必要なもので、互いが「今日よりも明日、明日よりも明後日がよい1日となりますように」という願いを共有し、希求して止まないときに必要とされるものです。そのような意味で、「探究」ではなく「探求」としているのです。

日々の生活が、自他にとってより善いものとなるように探し求めていく、そのための学習時間が「課題探求型道徳科授業」であり、その学習プロセスを通して、子供の思考が辿るであろう道筋をステップ化することを重視します。これが基本フレームとなります。

学習プロセスや手順というと、「これまでの指導過程論と何が違うの？」とか、「要するに、1時間の指導展開マニュアルなのでは？」と思われる方もいるかもしれません。本書で提案しようとしている課題探求型道徳科授業の学習プロセスとは、子供一人一人の道徳学びを実現するために辿る学習プロセスを（ステップとして）可視化しようとするものです。

資料6は、その基本フレームを表したものです。各々の手続きは、子供自身が道徳学びを進展させていくための道筋を表しています。

[ステップ1] 学習テーマを理解する
♥教師と子供との思考のズレを未然に防ぐ

授業では、予期せぬ場面に出合うことがたびたびです。

子供たちが先生の発問に一生懸命答えながら授業が展開していきます。さて、そろそろ本時の佳境かと思われる段になって、突然それまでの流れとは全く異なる意見が子供から飛び出します。

「おおかみさんは、友達をだいじにすると仲よくなれると思って、いい気持ちになったと思います」

授業者は大慌て。「おおかみさんは、友達がほしくていじわるをやめたの？」と問い

資料6　課題探求型道徳科授業を創造するための基本フレーム

課題追求型道徳科授業の学習プロセス基本フレーム

これからの「主体的・対話的で深い道徳的学び」形成プロセス

[学習テーマを理解する]　……………　①学びを方向付ける
　　⇩　★課題を知り、関与するためのスキル

[追求する学習課題を設定する]　…………　②深化への課題をもつ
　　⇩　★共通課題へとつなげるためのスキル

[教材での学びから共通解を導き出す]　……　③価値の多面的な理解
　　⇩　★多様に課題追求して共通項を見出すためのスキル

[共通解を基に個別な納得解を紡ぎ出す]　…　④個の価値観創造
　　⇩　★自らの道徳的問題として体現するためのスキル

[納得解実践化への新たな課題をもつ]　……　⑤実践イメージの喚起
　　　★望ましさを生活に敷衍し、継続していくためのスキル

極めるための「探究」ではなく、望ましさを探し求める「探求」が大切!!

返します。

　参観者も指導案のねらいを読み返しながら、「えっ、今日のねらいは他者への思いやり・親切でなかったの？」と目を白黒させます。こんな授業場面をよく見かけます。

　子供たちが真剣に語り合い、考え合って至った道徳的な学びの結論が教師の思惑とズレることは多々あります。その一方で、意図的・計画的・発展的な指導を通して、道徳的諸価値に万遍なく触れさせ、その価値に気付かせていくことを、道徳科は大切にしています。授業を実施するからには、子供の学びの結果が行き当たりばったりでいいというわけにはいきません。

　こんなとき、どのようなアプローチが考えられるでしょうか。もし、無理矢理にでも教師の意図する方向へ引き寄せようとすると、子供は自らの思考回路のシャッターを下ろしてしまうでしょう。「自分が感じ考えたことは間違っていたのだ」と受け止め、学習意欲を失ってしまうからです。しかし、それでは、一生懸命に考え、判断し、表現した子供たちが報われません。**教師と子供との思惑のズレを解消できるのは、ひとえに適切な学習テーマ設定にほかならないのです。**

♥**優れた道徳教材には、多様な道徳的価値が含まれている**

　子供たちが暮らす日常生活は、（学習指導要領に記されているような）道徳的価値が個々に独立した内容項目になっているわけではありません。多様な道徳的諸価値が結び付いたり反発し合ったりした状況の上に成り立っています。

そのため、優れた道徳教材には、多様な道徳的価値が含まれているものです。言い換えると、子供の日常的道徳生活の一断片を切り取って学習課題設定ができる要素が多分に含まれているということです。

道徳教材から自分が選んだ道徳的諸価値が、授業者の意図と異なるからという理由で否定されれば、上述のようにその子供の学習意欲は減退します。こうした事例も少なくありません。しかし、そうあってはならないと思います。

生命の尊さと家族愛、友情・信頼と相互理解、規則の尊重とよりよく生きる喜び等々、現実の日常的道徳生活のなかでは価値と価値とが対立したり、融合したりします。いずれも一理あって、躊躇する場面はよくあることです。

♥道徳教材は、日常的道徳生活の多様な価値を含んでいる

道徳教材は、人間の道徳的日常生活の一断面を切り取って提供するからこそ、教師と子供とが協同学習を展開していくための共通の道徳的追体験を与えてくれます。そのため、他教科等であれば「今日の算数は、『分数のたし算』の方法について考えます」とか、「流れる水の働きについて調べてみましょう」と、本時で目指す学びの方向付けを行うことが当たり前です。もちろん、道徳科においても道徳科授業においても必要なのです。

学習が進展した途中で、互いが目指している方向性に離齬が生じないよう、「今日は本当の友達について考えてみましょう」「どうして命は大切なのかをみんなで考えてみましょう」と学びの方向付けを行うことが大切なのです。

[ステップ2] 共に追求する共通追求学習課題を設定する

♥学習課題は道徳学びのナビ（羅針盤）である

課題探求型道徳科授業の肝となるのが、学習課題の設定です。

ここでいう課題を追求する学習とは、クラスメートや教師と一緒になって、互いが共により善く生きる際に大切な事柄や方法を考える学習です。これは「望ましさ追求のための学びのナビ（羅針盤）」としての役割を果たします。

この学習課題の質こそ、本時における子供の道徳学習の深浅や、到達すべき主題のねらいの適正さを左右するものです。言い換えれば、自らの問題意識をもって、子供が自らの学びの見通しをもちながら課題追求を行うための「道標（navigation & focusing）」を手に入れることでもあります。

♥学習課題は「探究」ではなく、「探求」するためのものである

「学びの道標」を手に入れると言っても、（前述のように）「究める」性質のものではありません。あくまでも「求める」ものです。お互いが「今日よりも明日、明日よりも明後日がよい1日となりますように」といった願いを共有し、希求して止まないものです。「他者と共に望ましさを探し求める探究」こそが、課題探求型道徳科授業なのです。

♥学習課題は具体的かつ焦点化して設定する

道徳性は、日常的道徳生活に敷衍されてこそ価値をもちます。学び求めたことを日常の様々な場面で生かせるような「汎用的な実践力」を育成するという点からすれば、具

体的かつ実践志向性の高い学習課題の設定が必要です。

　そのためには、「みんなで○○してみよう」といったざっくりとした行動課題や、「みんな楽しく過ごせるために△△について考えよう」といった大くくりの学習課題では単なるスローガン、お祭りの御神輿で終わってしまうでしょう。

　「おおかみさんが言った最初の『えへん、へん。』と、最後うさぎさんを下ろしてあげたときの『えへん、へん。』の違いを考えてみよう」といった具体的かつ焦点化された学習課題の設定が求められます。

♥学習課題は主題である学習テーマに迫る中心発問である

　学習課題は、本時の主題のねらいに迫るために欠かせないものであり、その意味で「本時での道徳学びの道標」だといえます。他の発問は取り止めてでも、それだけは子供たちに問いかけたい中心発問だと言い換えることができます。

　「具体的に学習テーマを追求することを意図して設定するのが学習課題である」という前提に立つなら、学習課題そのものを中心発問として問いかける場合もあるでしょうし、協同思考活動で「深め」「ほぐされた」学習課題をより現実的に解決するために言葉を変えて問いかける場合もあるでしょう。

　ここで大切なことは、「学習テーマ」⇒「共通追求学習課題」⇒「中心発問（共通解の共有）」⇒「個としての価値観創造（納得解の紡ぎ）」という一連の必然性の伴う価値追求プロセスが連続していることです。

♥学習課題は日常的道徳生活からでも教材中からでも見いだせる

　学習課題の設定において、教師の論理（指導過程論）が先行してしまうと、学習課題を見いだすのに迷いが生じます。着眼すべきは、「子供の道徳学びのプロセス」（学習プロセス論）であり、その視点をもって学習課題を設定することが重要です。

　たとえば、学習テーマを「今日は普段の友達関係のことを考えてみよう」とし、学習課題を「どんな友達が自分にとって本当の友達なのだろう」と設定したとします。そのうえで、「今日は、この課題を深めるために絵本『ともだちや』を読んでみんなで考えてみましょう」と促せば、子供たちは日常的道徳生活を掘り返しつつ、「共通解」に迫っていける学びを展開できるでしょう。

　あるいは、「共通解」に迫っていく中心発問を次のように設定することもできます。

　「はじめは友だち１時間百円と言っていたきつねが、どうして最後は『何時間でもただ、毎日でもただです』と言ったのでしょう」

　このような問いであれば、本時主題のねらいから逸れることなく、深まりのある授業を期待できるに違いありません。いずれも大事なことは、①日常的道徳生活から設定した内容であること、②学習課題を解決するために道徳教材をしっかりと活用することの２点です。

　また、学習テーマとして「今回は『正直に生きること』の大切さをテーマにして考えてみましょう」と提示し、教材「手品師」を読み進めながら、「この手品師のしたことについてどんな感想をもちましたか」と問いかければ、手品師の誠実な生き方に対する

道徳的なものの見方・感じ方・考え方を引き出すことができるでしょう。
　そのうえで、「せっかくの友人の誘いを断ってまで、何も知らない男の子に手品を演じている手品師の心の中を考えよう」と学習課題を設定することも可能でしょう。学習課題に迫るための中心発問は、「何も知らないで手品を楽しんでいる男の子を前に、この手品師は心の中で何を思っているのだろう」とすれば、間違いなく本時主題のねらいへと的確に迫ることになると考えられます。
　このように、子供の1時間の道徳学びを担保するためには、学習課題の設定スタイルをしっかり考える必要があります。学習テーマに沿って設定し、そのためには、次の2つの迫り方があります。

> ①学習課題を協同思考によって解決する手段として道徳教材を活用する迫り方
> ②学習テーマからダイレクトに道徳教材へ導き、共通の道徳的追体験をするなかで学習課題を設定し、それを協同思考することで「共通解」へと発展させる迫り方

　いずれを選択するかは、子供たちの日常的道徳実態と本時で取り上げる主題、さらには道徳教材の特質によって決まると考えればよいと思います。

♥共通追求学習課題は学習テーマと学習課題と中心発問が一貫する

　課題探求型道徳科授業では、この「学習テーマと学習課題と中心発問とが一貫すること」がとても重要です。道徳的発達の段階の異なるスタートフリーな子供たちが、①あえて道徳教材という道徳的追体験を共有しながら協同学習に取り組む、②学習のプロセスを介して個別な道徳学びを展開する、③学びの深化を方向付ける道標としての一貫志向性（navigation）を焦点化していく、こうした手立て（focusing）が学びの手続きとして絶対に必要なのです。それがなければ、子供たちはゴールフリーな個としての道徳的価値観を創造することは到底叶いません。
　そのような意味では、学習課題を設定する際、「子供の日常的道徳生活のなかから」とか、「教材提示をしてから」とかいった形式的約束事は不要だと言えます。もし学習課題設定に躊躇するようであれば、教師は「その授業で子供たちに問いたいことは何なのか」「中心発問とする事柄は何なのか」を自問してほしいと思います。
　学習課題を授業で深められた学びを介して中心発問として再度問うのか、あるいは、これまでに深めてきた学びの先にある学習課題を解決するためにあえて裏返して問うたり、異なる視点から中心発問として問うたりすることによって、（主題のねらいとして設定した）道徳的価値の本質に迫るのか、おおむねこの2パターンが想定されるでしょう。

[ステップ3] 教材での学びから共通解を導き出す
♥共通解は道徳的価値に対する意味付けと合意形成から生まれる

　道徳科授業では、子供たちが自分事としての道徳的問題を解決するために設定した学習課題の追求が不可欠です。教師が提示した道徳教材に含まれる道徳的問題について、子供たちは互いに語り合い（他者対話し）、それと同時進行的に自己内対話を行うことに

よって、個々の道徳的なものの見方・感じ方・考え方は再吟味・検討されます。その結果として、「多くの人にとっての望ましさ」(道徳的価値)の意味付けを深化させていきます。

この過程は、個としての学びではなく、協同学習を介しての道徳的価値理解と道徳的価値実現に向けた共通の望ましさの明確化と合意形成のプロセスでもあります。このような子供の発達の段階に即して道徳教材を用いた価値の望ましさを共有し合う段階が、「共通解」を導き出す役割としてのステップ３です。

♥道徳教材に自我関与させることで多面的・多角的な「共通解」を引き出す

子供たちに道徳的価値を自分事として意味付けさせ、自覚化させるには、思考・吟味するための適切な道徳教材が必要です。ただ闇雲に「自分だったらどうする？」と発問するだけでは、道徳的問題を多面的・多角的にとらえることはできず、管見的な個としての道徳的思考に留まってしまうでしょう。それでは、その課題は子供たちの自分事にはなりません。また、もし教材中の人物に自分をぴったり重ねすぎてしまったら、道徳的問題を主観的・狭隘的にしかとらえられなくなります。

そこで、あえて教材中に登場する人物の道徳的な立ち居振る舞いの是非を、第三者の立場からコメントすることで、そこに客観性や間接性を有した多面的・多角的な思考判断を可能にします。教材中の人物を批判したり、弁護したり、共感したりする言動は、実は紛れもない自分自身の道徳的価値観を投影したものです。

小学校高学年や中学生は、クラスメートの前で自らの内面を吐露することを好みません。しかし、教材中の人物に成り代わって発言するのであれば、客観的・間接的なコメントになるので、自分の内面の好都合な隠れ蓑、マスクとなります。つまり、「あなただったらどうする？」ではなく、「教材に登場する○○の行いについてどう思う？」と発問するのです。そうすることによって子供は発言しやすくなり、ひいては多面的・多角的な道徳的価値観の創造に寄与することになるのです。

♥「共通解」を見いだすには論理的思考が前提となる

道徳科授業で子供たちに培うべき道徳性とはどのようなものでしょうか。直観的には、①認知的側面としての道徳的判断力、②情意的側面としての道徳的心情、③行動的側面としての道徳的実践意欲・態度のいずれがイメージされるかと思います。なかでも、道徳科は心の教育なのだからと②の情意的側面を第一義に考えなければならないと思われるかもしれません。しかし、ここで検討すべきは「子供の頭が働き、心が動く」ことです。

ある問題について、道徳的問題とするとき、思考・判断するとき、自分なりの理解を明確にしたとき、それと並行して情意的側面としての心が動き、「自分はどうしたいのか」「どうすべきなのか」といった行動的側面でのメタ認知機能(自己認知評価行動に基づく自己制御)は働き出します。道徳的問題に対して心が揺れ動くのは、正しく認知機能が作用しているからであり、行為に駆り立てられて何かをせずにいられない気持ちになるのは認知機能によって強化された情動が作用しているからです。

[ステップ4] 「共通解」を基に、個別の「納得解」を紡ぎ出す

♥「納得解」は個としての道徳的価値観を創造することである

　道徳科授業は、道徳的価値に対する集団としての合意形成を図ることがゴールではありません。子供一人一人が自らの道徳的なものの見方・感じ方・考え方を高め、自覚化し、それを日常的道徳生活のなかへ敷衍化していく意思力を確かなものとする「価値観創造の場」です。このような学びの場とするためには、ただ「共通解」を確かなものとして理解するだけでは不十分です。

　「自分事として、自分はどう受け止めるのか」「今後どう考えていくべきなのか」「これからどのようにしたいと自分は思っているのか」を確認し、自らの確固たる道徳的価値観として自覚化するのが「納得解の紡ぎ」となります。

♥「納得解」は自らを見つめることを通して見いだすものである

　授業で「共通解を共有」したら、それを基に自己省察することで「納得解」は鮮明に紡がれていきます。黙って自分を振り返ってもよいし、道徳ノートに記してもかまいません。

　大切なことは、他人事でない生身の人間としての自分の健気さと至らなさ、がんばる自分と志を遂げられない弱い自分、一生懸命に生きようとする自分と簡単に投げ出してしまう意気地のない自分等々、善いことも至らないこともすべて飲み込んで、今の自分がいることと向き合い、自己内対話を重ねることです。

　こうした心の働きに要する時間は、数分でも数秒でもよいのかもしれません。いずれにしても、自分事としての「納得解」を紡ごうとする時間が設けられず、「共通解」の共有にのみ終わってしまうならば、道徳科授業の意図するところは道半ばで潰えてしまうでしょう。

[ステップ5] 「納得解」実践化への新たな課題をもつ

♥生きてこその道徳であり、実現してこその道徳である

　よく尋ねられることがあります。それは、「納得解は展開後段ですか？」とか「終末に位置付けるのが納得解ですよね」といったことです。このような発想の裏側には、従前からの指導過程論に染まった思い込みがあります。

　「まず導入では○○する、展開では○○する、終末では○○…」といったように、授業を型にはめ込んでしまう思い込みです。これでは、教師の意図するところへ子供を無理矢理引き込み、（子供ではなく）教師が求める価値観を押し付けてしまうでしょう。こうした教師主導型の道徳授業論から脱却しない限り、「納得解」のある授業をつくることはできません。

　「納得解」は、子供たちが迷走しながらも互いの善さや至らなさについて自覚し、ときには互いの傷口を舐め合いながらも、「こんな風に生きたいね」「こんなことができたら素晴らしいな」等々、個としての理想実現に向けて思いを紡ぐ時間があってこそ生まれるものです。

つまり、展開後段の道徳教材を介した語り合い段階の後でも、終末段階でもかまわないということです。このような未来志向的な視点を意識化させること自体が「納得解」につながるのであり、ひいては子供たちの道徳学習課題意識は醸成されるのです。

　大切なことは子供一人一人が自分を見つめ、そこで主題となっている道徳的価値を通して見えてきた（これからの）自分を見つめる場とすることで、現在生きている自分を肯定し、これから生きていく自分を祝福できるようになるのです。

♥具体的な活動を通して、これからの自分に思い至らせる

　道徳科授業での学びは、「活動内容」と「活動方法」が一体となって機能したときに開始されます。課題設定や「共通解」の追求・共有といった学習活動では、その学びの場の構成が比較的イメージしやすいと言えます。

　このとき、子供一人一人の「納得解を紡ぐ」活動内容は見えてきても、そこからこれからの道徳的課題意識をどうやってもたせるのかを考えると、その活動方法の具現化がややむずかしい印象をもってしまうかもしれません。

　しかし、実は難解なことではありません。要は、子供の集団としての発達段階や個としての発達の段階にふさわしい「納得解の紡ぎとその発展」が生まれればよいのです。

　小学校低学年であれば、「友情」を主題とした授業で、最後に全員で「友だち賛歌」等の歌を歌って終えれば、子供たちはそれで十二分に得心するでしょう。

　小学校中学年であれば、自分を見つめた内容をただノートやワークシートに書くだけでなく、互いの学び方のよさを賞讃し合って終えてもよいでしょう。小学校高学年や中学生であれば、ただ自己を見つめて書くだけでなく、互いに学んだことをシェアリング（sharing：学びの分かち合い）し合うのもよいと思います。

　「納得解」実践化への新たな課題をもつとは、道徳科授業を介して共に学び合い、高まり合い、肯定し合えるような「人間関係構築」「協同学習参画意欲」「学びを通しての自己実現を目指そうとする未来志向的な意欲」が持続できることをいうのです。

(3) 課題探求型道徳科授業におけるねらい設定の考え方

　授業はときに盛り上がり、ときに低調なままに終わります。その要因として意識しなければならないことが、ねらい設定の明確な視点です。言い換えれば、教師の内で授業のねらいが明確になっていればいるほど、子供たちの学習プロセスを構成する際に幅と深みをもたせることができるのです。つまり、それだけ授業展開の柔軟さとゆとりとをもつことができるということです。

　ねらい設定の手続きとしては、「学習活動」⇒「学習内容」⇒「目指す道徳的価値」⇒「目指す子供の具体的な姿」といった授業時のねらい構成要素に従いながら具体化することです（資料7）。

(4) 課題探求型道徳科授業と一体化した学習評価の考え方

　今般の道徳科への移行転換に伴って、教師の間で不安や混乱が拡がった主要因は、道

資料7　課題探求型道徳科授業を創造するためのねらい設定の視点

> ♥本時のねらい4要素を適切に配置して設定する。
>
> ①**展開する学習活動の視点から**
>   例：手品師の心の動きを考える活動を通して、
>   例： 広子の心の迷いの訳を考える活動を通して、
>
> ②**取り上げる学習内容の視点から**
>   例：自分に対して正直であることの大切さに気付き、
>   例： 友達とのよりよい関係を築くことの大切さに気付き、
>
> ③**そこで目指す道徳的価値の視点から**
>   例：いつも明るく誠実な心で生活しようとする
>   例： 互いに信頼し、助け合おうとする
>
> ④**具体的な実践として目指すべき姿の視点から**
>   例：態度を育む。
>   例： 心情を育む。
>
> ＊上段は教材「手品師」正直・誠実の例、下段は教材「絵はがきと切手」友情・信頼の例

徳科における学習評価の導入です。

「子供一人一人の道徳学びをどうやって見取ればよいのか…」と不安な気持ちになるのは自然なことでしょう。これまで道徳教育において学習評価という概念などなかったわけですから当然です。しかし、学校の教育活動である以上、（どの教科等であっても）子供一人一人の学び成果を推し量り評価することは、（本来的には）当たり前のことだと考えることができます。

それでは、子供一人一人の道徳学びを認め励まし、さらなる自己成長へと発展できるような個人内評価に基づく、大くくりな記述的評価を行うにはどうすればよいのでしょうか。ここで提案したい手法がパフォーマンス評価です。まずは、子供一人一人がどのように学んでいるのかを見取っていくのです。

間違っても、「あらかじめ設定した到達目標に照らしてどこまで道徳的学びが高まったか」といった内容的目標設定によるランク付け、ラベリング評価を行ってはなりません。また、1時間の授業での学びを、記述された1枚のワークシートから見取って評価するというのも一面的で、拙速な評価といえるでしょう。

パフォーマンス評価は、1単位時間に限定されるものではなく、継続的なポートフォリオ評価によって可能となるものです。その際、ひとくくりの学習活動のなかで子供が自分なりにどのような道徳学びを身に付けたのかという「道徳的学び内容評価」、一連の学習活動のなかでどのように道徳学びを発展させたのかという「道徳的学び方法評価」

の２側面から「大くくり」にとらえていきます。

　まず学習評価において大切なことは、一定のまとまりとしての学習活動が可視化することです。そのためには、一定のスパンで連続するテーマに基づいて道徳学び評価を可能とするような課題探求型道徳科授業の展開をデザインする必要があります。

　１時間の授業の各活動場面をもって一人一人の学びを見取るという発想ではなく、ノートやワークシートの記述、語り合いや考えの発表の場におけるエピソードといったさまざまな断片から少しずつ子供の学びを読み取っていくという発想です。

　具体的な学習プロセスを通じて、子供一人一人の学びの姿や道徳的成長の様子を垣間見ることは十分可能なことであり、それがひいては、道徳科授業における「主体的・対話的な深い学び」につながっていくのです。

《課題探求型道徳科授業における学習評価の留意点》
♥学習活動を一貫的なものとしてとらえ、一断片として示された記述記録、発言内容、現れた表情等を座席表に簡単な記号で記す等の工夫をして多様に意味解釈できるようにする。
♥「道徳科での子供の学び評価の裏返しは教師の指導評価そのものである」ということから、授業のどの活動場面で、子供の何を見取ろうとするのかを指導構想時点から明確にしておくようにする。
♥道徳学習評価はそれ自体が目的ではなく、子供たちが個々の個性的な道徳学びを推進した肯定的個人内評価結果として受け止め、それを通知表等で知らせたときに納得とさらなる学びへの意欲喚起がなされるようにする。
＊学校からの保護者に宛てた学習評価の結果説明としての通知表と学校教育法施行規則に定められた学籍簿としての指導要録の指導結果記録とは、その性格上の違いから記述表記が異なることを意識しておきたい。

課題探求型道徳科授業の活力を生み出すパッケージ型ユニット

(1) パッケージ型ユニットとは何か

　教科の指導にあっては、各学習内容に沿って構成された単元と呼ばれる学習カリキュラムや題材と呼ばれる小単元カリキュラムがあって、それが該当教科の年間指導計画を構成する基本単位となっています。教師にとってそれは馴染み深いというより、年間指導を見通すうえで必要不可欠な存在となっているものです。

　国語科で言うなら、各単元が学期ごとにカリキュラム中に配置され、その単元と単元の間により短時間で扱えるような小単元が位置付けられて年間指導計画を構成する構造となっています。さて、道徳科ではどうでしょうか。

　道徳科の指導時数は、年間35時間しかありません。各学年の各学期に学習指導要領に示された内容項目に沿った教材が、一定の説明力をもって構成されているのかについ

資料8　入れ子構造によるパッケージ型ユニットの基本型

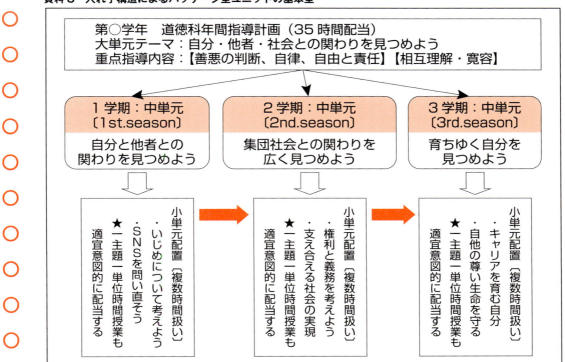

てもやや心許ない面があります。

　また、学校行事や季節感、各学校ごとの道徳的実態を踏まえ、主題配置や教材配列を行うといった重点的指導としての面での工夫はされていますが、このような年間指導計画で実効性の伴う道徳的資質・能力形成を実現することが果たして可能でしょうか。

　そもそも、道徳科年間指導計画に対して、そこまでの緻密さや論理的根拠を求めてきたともいえないように思います。およそ「道徳教育全体計画と別葉を背景にした各学年の年間指導計画は必要だ」という認識でとどまっているのではないでしょうか。

　ここで提案したいのが、道徳科パッケージ型ユニットです。これは、道徳科年間指導計画を「生きて血の通う」課題探求型道徳科授業を生み出すために必要不可欠な仕掛けです。

　この仕掛けは、1年間の指導計画を入れ子型構造によって構成しようとする主題配列法、道徳科カリキュラム構成法です。具体的には、年間35時間の道徳科授業を大きな1つの「単元」としてとらえ、そのなかに学期ごとの「中単元」、月ごとや数時間構成の「小単元」を意図的・計画的に配置します（資料8）。

　このような単元を軸とした入れ子構造にすることで、学校教育目標、子供たちの道徳的実態を踏まえて設定した道徳教育全体目標、各学年別道徳教育重点目標を実現していくことをねらいます。

　この考え方は、単なる技術的な手法にとどまるものではありません。その根底には、

道徳教育年間指導計画を機能的かつ効果的に実施していくカリキュラム・マネジメントがあります。すなわち、**実効性のあるカリキュラムとは、一定の目標的方向性と意図的指導方向性をもつのであり、それらを有効にデザインするためのカリキュラム開発方法論である**のです。

《パッケージ型ユニットを構想する3つの視点》
- ♥教科書を縦横に駆使しながら、自校の道徳科年間指導計画を入れ子構造で構想する。
- ♥道徳科授業を年間35時間の大単元としてとらえ、「大単元」⇒「中単元」⇒「小単元」と意図的・計画的・発展的にその指導構想を具体化する。
- ♥リアルタイムな指導と評価一体型カリキュラム・マネジメントを実現する。

資料8を見てまず考慮すべきは、「これからの道徳科授業は、何でもかんでも小単元にしなければならないということではない」ということです。

小・中学校学習指導要領道徳科の内容項目を俯瞰すればわかりますが、たとえば「畏敬の念」「よりよい学校生活」「生きるよろこび」といった内容項目は、もしかすると他の内容項目と関連付けずに1単位時間単独で指導したほうが効果が高いという場合があるからです。

つまり、数時間の塊（小単元）を形成してストーリー化するほうがいい場合（課題探求に適した内容項目）もあれば、1単位時間簡潔の展開のほうがいい場合とがある、ということを念頭に年間指導計画を立てよう、ということなのです。

(2) なぜ今パッケージ型ユニットが有効なのか

これからの道徳科授業では、「教科書に所収された道徳教材を活用しながら道徳的資質・能力を形成していくことで、子供たちの道徳性を育成すること」が求められています。このことは、年間指導計画の立案方法の変更を意味します。これまでのように、様々な刊行物から道徳資料を集め、季節感や学校行事実施時期等を絡み合わせながら35時間の年間指導計画を立案する方法とは別の方法を考えなければならないということです。

教科書には法に定められた使用義務があります（学校教育法34条）。教科書は、「指導と評価の一体化」を実現するための主たる教材であり、道徳科学習成果としての道徳的資質・能力形成が求められます。

そのためには、学期、年間、在学期間、義務教育全体を見通した道徳科カリキュラムの在り方を再検討する必要があります。「1学期ではどういう道徳学びを構築するのか」「2学期はどうするのか」「1、2学期を踏まえて3学期ではどういう学びの整合性をもたせて指導すればよいのか」等々、意図的・計画的・発展的な道徳科カリキュラム・マネジメントは、道徳性の育みを可能にする道徳学習プロセスを生み出し、最終的には個としての確かな道徳的価値観形成を促す成果を具現化します。

また、年間指導計画を立案する際、「現代的な課題」への対応についても考慮する必

資料9　「いじめ」をパッケージ型ユニットにしたモデル例

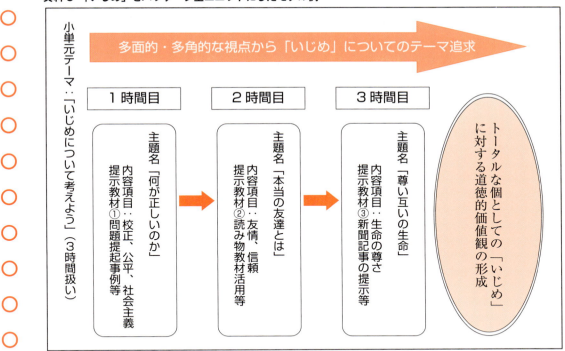

　要があるでしょう。この「現代的な課題」とは、現代社会を生きていく上で不可避的かつ対応が一様でない様々な課題をいいます。このような現代的な課題の多くには複合的な道徳的価値が含まれていることが多いことから、多面的・多角的な視点から検討する必要があります。

　たとえば、小・中学校の『学習指導要領解説　特別の教科　道徳編』では、食育、健康教育、消費者教育、防災教育、福祉に関する教育、法教育、社会参画に関する教育、伝統文化教育、国際理解教育、キャリア教育等を例示しています。

　道徳科授業の視点で問えば、いじめ問題、身近な環境問題、情報モラルの問題など、日常的道徳生活と密着した現代的な課題が浮かび上がるでしょう。

　これらの現代的な課題に取り組むには、各教科等の学習と関連付けたり、多様な教材を活用したりして、持続可能な発展という視点も入れながら、様々な道徳的価値を複合的に学べるよう指導することが大切です。

　たとえば、「いじめについて考えよう」をパッケージ型ユニット（3時間扱い）としてテーマ設定するような場合（資料9）、いじめに関連する「生命の尊さ」「公正公平・社会正義」「友情・信頼」といった価値内容を、（それぞれ独立した1単位時間として主題設定するのではなく）同一テーマとしてユニットを形成し、それぞれ関連付けながら連続した学びとして指導することが考えられます。

　このようなテーマでは、ユニットを形成（小単元化）したほうが子供たちの学習課題意識は明確で、より深い次元での（自分事としての）学びにすることができるのです。言

うなれば、年間指導計画に学期ごとの重点的指導内容としてパッケージ型ユニットを位置付けることによって、具体的かつ実効性の伴う弾力的な道徳科カリキュラムとなるのです。

(3) パッケージ型ユニットは柔軟に構成することで機能する

パッケージ型ユニットによる道徳科授業づくりの有効性は、(各教科同様に)課題探求型の協同思考学習の実現を可能にする点にあります。個々の道徳的なものの見方・感じ方・考え方は、道徳的体験や道徳的気付きの個人差を前提に成り立っていますが、道徳科授業では、スタートフリーな状態で相互が協同思考活動を展開することに特色があります。

道徳的実態という立ち位置が異なる者同士が、互いの多様な価値観を披瀝し合い、互いに受容・容認し合い、その学習プロセスを経て自らの価値観を再吟味・検討することで、新たな個としての価値観創造を意図しています。そのための手続きとして、まず自らの道徳的価値観を再吟味・検討する必然的動機として「共通追求学習課題」が明確になっていなければなりません。

まず第一段階は、協同思考学習という課題追求プロセスを介して、互いに共有し合えた価値に対する一定の望ましさとしての「共通解」の形成が目的です。さらには、その「共通解」を自分事として受け止め、自らの価値観に照らして再吟味・検討を加えることで、個としての「納得解」を紡ぐのが第二段階となります。

道徳科授業では、最終的には個としてのゴールフリーな道徳学びを成果として期待する以上、多様な価値を内包した日常的道徳生活としっかり向き合えるような多様な取組が必要です。

パッケージ型ユニット開発には、「これこそが定型」といった固定的な型は規定していません。ただ、各学校で実際に実践するための目安として、以下の3つの緩やかなパーンを想定しています。

《パッケージ型ユニットの構成パターンモデル》
【パターンⅠ】設定テーマに即して、同一価値内容を複数時間ユニットで組む。
【パターンⅡ】設定テーマに即して、異なる価値内容を組み合わせて複数時間ユニットで組む。
【パターンⅢ】テーマの中心となる価値内容を他の価値内容で補強したり、他教科等の学習に含まれる価値内容と関連付けたりしてユニットを組む。

資料10は、多時間構成ユニットをモデル例として示したものです。

(4) パッケージ型ユニットを機能させるカリキュラム・マネジメント

眼前の子供たちにとって、今の道徳学びは二度と戻ってこない大切な時間です。少しでもよりよい道徳学びとするためにも、カリキュラムの弾力的運用が必要です。このと

資料10　パッケージ型ユニットの開発パターンモデル例

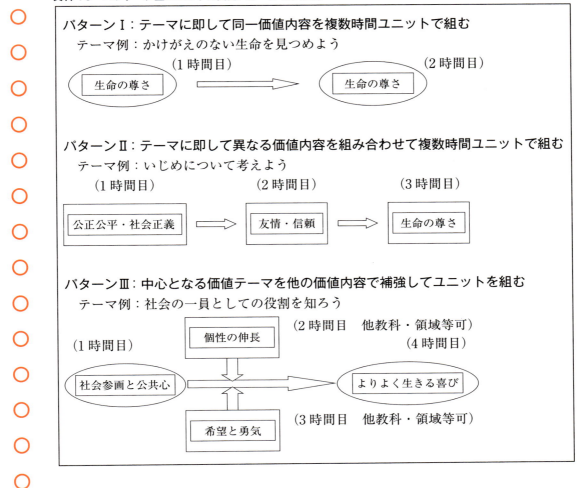

き、「うまくいかなかったら、次年度の学年に改善事項として申し送ろう」などと暢気なことは言ってはいられません。そのためにこそ、パッケージ型ユニットの特性を生かし、継続的一貫性のあるカリキュラム・マネジメントを展開することが重要なのです。柔軟性のある継続的なカリキュラム・マネジメントによって、子供の道徳学びの見取り評価を視野においた学習活動を展開することができます。そうすることで、結果的に「指導と評価の一体化」につながっていきます。

　次頁の**資料11**は、パッケージ型ユニットを形成して道徳科授業を展開する際のPDCAです。通常であれば、立案（Plan）、実践（Do）、振り返り評価（Check）、次に向けての改善（Action）というサイクルですが、道徳科授業における即時的・可変的な「指導と評価の一体化」をめざすならば、「D（Do：実践）⇒ C（Check：評価）⇒ A（Action：改善）⇒ P（Plan：計画）」というDCAPサイクルを本書では推奨します。そうすることで、より弾力的なカリキュラム・マネジメント運用モデルになると考えます。

　構造的には、本時の指導後、即実践評価し、次時へ改善策を講じるという短期型サイクルとなっています。「何を意図してパッケージ型ユニットを構想し、そのユニットは

資料11　道徳科カリキュラム・マネジメント推進イメージ

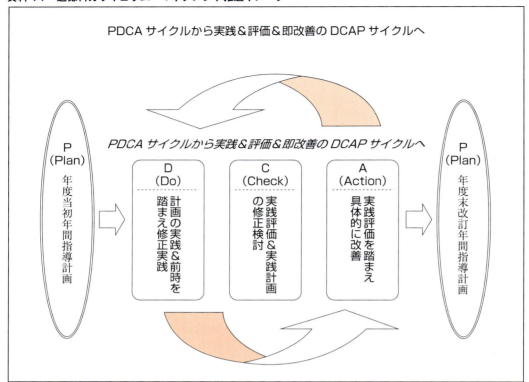

現実的にどのような実効性があったのか」そのエビデンス（学びの証拠、道徳学びの成果とできるパフォーマンスの期待する姿）を明らかにすることも企図しています。すなわち、道徳科カリキュラムの運用方針が、あらかじめ想定されていなければならないということです。

　道徳科の授業実践を通じて子供の具体的なパフォーマンスを引き出し、それを道徳学習評価として実現し、その学び評価に則って次なる授業実践構想を柔軟に変更していくという一挙両得の発想です。

　パッケージ型ユニットは、「子供一人一人の道徳課題意識を大切にする学習プロセスを提供する」という学習者中心の道徳科授業づくりに有用です。そして、この考え方は、カリキュラム開発・改善運用理論に基づく改革提案でもあるのです。

(5) 課題探求型道徳科授業＆パッケージ型ユニットでどう学習評価を進めるか

　道徳科授業を通した子供たちの学びは、道徳的価値に照らした「これからの自分の生き方についての指標」の発見そのものです。そして、ここで言う「道徳的価値」とは、子供たちが自らの学びの履歴を通して身に付けてきた道徳的なものの見方・感じ方・考え方そのものです。

　これは単なる知的理解レベルに留まっているものもあれば、自らの体験的実感を伴って深く自覚化されたものもあるに違いありません。これらを各教科等と同じような評価

資料12　課題探求型道徳科授業＆パッケージ型ユニットが生きる学習評価方法

課題探求型道徳科授業＆パッケージ型ユニットに有効な学習評価方法
◆道徳学習評価を継続的ポートフォリオ評価とするための手続きと手立て

Ⅰ：学習評価計画を進めるための手続きの明確化
①道徳学習評価をする目的は何か？⇒②道徳学習評価の具体的視点「観点」は何？
⇒③道徳学習評価を進める具体的な方法は何か？⇒④道徳学習評価の結果を子供へフィードバックする方法はどうするの？

Ⅱ：道徳学習評価の手立て
①個がどう学び、成長したのかを積極的に受容し認め励ます個人内評価とする。
♥子供が自己成長を実感する　⇔　◆カリキュラム・マネジメントに資する
②評価するための観点（到達度評価の観点別評価でない）を事前に明確にする。
♥価値理解、多面的・多角的な視点　⇔　◆目標、計画、指導法改善の視点
③子供の自己評価・相互評価を大切にしつつ、教師の肯定的・客観的評価も。
♥道徳ノート、ワークシート、日記や作文等　⇔　◆授業チェックリスト、面接等
④道徳評価で大切なのは個の学びのよさを継続的に子供へ知らせ励ますこと。
♥道徳ノートへコメント、学級通信での紹介、通知表記述　⇔　◆指導要録で継続指導。

方法では、「個の内面に生起する確かな手応え」としての道徳学びを的確に評価することはできません。なぜなら、子供の道徳学びは個性的なものであり、授業時のスタートラインはもちろん、ゴールラインも一様ではないからです。

　道徳科で目指す学習評価は、子供の個別な道徳性向上の実相そのものを推し量り、ランク付けするような評定（measurement）ではありません。まして、あらかじめ教師がゴールとして設定した学習到達度目標に照らして個の学びの度合いを推し量るような評価（evaluation）でもありません。個々の人格的成長に結び付くと期待される道徳科授業での「子供自身の道徳学びのよさ」を認め、励ます継続的支援としての「個人内肯定的学習評価」（assessment）である必要があります。

　道徳学習評価の手続きと手立てとしては、**資料12**のような方法が考えられでしょう。

＊

　第2章からは、第1章で述べてきた論を踏まえた実践を紹介します。

第2章 実践編

低学年

中学年

高学年

 **大単元テーマ**

よいこと探しの旅に出よう

① 年生の発達の段階を踏まえる

希望に胸を膨らませて小学校に入学した1年生。新しい友達や先生に出会い、楽しいこと、嬉しいことをいっぱい体験して成長していく段階である。その子供たち一人一人の発達段階を踏まえて、自分にとってのよいこと、友達や家族、学校や地域、社会にとってのよいことをたくさん見付け、よいことをするとどんな気持ちになるかを考えていけるユニットを構成していきたい。

① 年を通じて養いたい資質・能力

1　道徳的価値の理解
よいことをするとどんな気持ちになるかを考え、その行為をすることが大切だと感じる力を養いたい。自分との関わりで考えていくことを大切にし、道徳的価値のよさを深く理解していけるようにしたい。

2　道徳的価値への思考力・判断力・表現力
よいこととそうではないことを見極める判断力を養いたい。自分にとっても、相手にとっても、それがよいことなのかどうか考えられるように、視点や思考を広げたり、深めたりすることができるようにしたい。

3　道徳的学びに向かう力
自分の考えを発表するだけでなく、友達の考えをよく聞き、自分と比べることによって、疑問をもったり、あるいは自分に取り入れ、生かしていこうと思ったりできるようにしたい。

実践編 第2章

学びの見取りツール

> わがままをいうとじぶんがこうかいすることになっていたいめにあうからです。
>
> *わがままが いけない りゆうが よく わかりましたね*

> かぼちゃのつるは、はたけのそとへ、ぐんぐんのびてるんだなあってわかったし、そこは、人がとおるみちで、ひかれて、かぼちゃのつるは、きれて、しょってかわいそうだけど、ゆうことをきかないから、そんなことになるから、ゆうことは、ちゃんときくんだなあってわかりました。
>
> *いうことを ちゃんときいて わがままをしないと みんなきもちよくなりますね*

ワークシート
子供が自分の思いや学びをいっぱい書けるように、罫線のみのワークシートを使用する。毎時間、教師のコメントを一言入れて返し、よさを認め励ましていく。

1年間を通じて子供の学習状況を把握するポイント

　ワークシートには、「授業を通してわかったこと」と「誰のどんな意見がよかったか」の2つを書くようにする。これをファイルにとじてためていくことで、子供の学習状況や成長を把握することができる。また、このファイルをもとに子供や保護者との対話を通し、授業を振り返りながら成長を実感していく。
　書くことが苦手な子供には、積極的に支援していく。たとえば、黒板の中から自分にとってよいものを選び、書き写させるだけでもよい。また、休み時間に適宜、質問をするなどして、その子の思いを引き出し、書けるようにサポートしていくことも大切である。徐々に自分の考えや思いを自分の言葉で表現できるようになってきたら、それも大きな成長と認め、励ましていく。

低学年 中学年 高学年

カリキュラム・マネジメントを意識した年間計画

1学期

中単元テーマ：みんなが毎日楽しく過ごす

4月 【1時間】
オリエンテーション

【小単元①】毎日楽しく学校へ行こう
- 第1時　がっこう　だいすき　C(14)　「がっこう　だいすき」
- 第2時　たのしい　まいにち　A(3)　「たのしい　まいにち」

5月 【小単元②】みんなが生き生きと生きる
- 第1時　なかよくね　B(9)　「なかよくね」
- 第2時　みんないきてる　D(17)　「みんな　いきてる」

【1時間】いいことしているのはだれかな A(1)
「いい　こと　して　いるのは、だれかな」

9月 【1時間】
がっこうで　たのしく　C(14)　「とりかえっこ」

【小単元⑤】いのちの力を感じよう
- 第1時　しぜんと　なかよく　D(18)　「あさがお」
- 第2時　いきて　いるって　D(17)　「いのちの　ふしぎ」

【1時間】
みんなが　つかう　ばしょでは　C(10)　「みんなが　つかう　ばしょだから」

10月 【小単元⑥】いじめをせず友達を大切に
- 第1時　あいてに　しんせつに　B(6)　「はしのうえの　おおかみ」
- 第2時　ただしいことは　すすんで　A(1)　「やめなさいよ」
- 第3時　だれに　たいしても　C(11)　「ジャングルジム」
- 第4時　ともだちの　ことを　かんがえて　B(9)　「にわの　ことり」

3学期

中単元テーマ：よりよく生きることを考える

1月 【1時間】
がんばって　つづける　A(5)　「やれば　できるんだ」

【小単元⑨】社会に生きる自分
- 第1時　にほんの　よい　ところ　C(15)　「にほんの　あそび」
- 第2時　せかいは　ひろいね　C(16)　「せかいの　こどもたち」

2月 【小単元⑩】友達にやさしく
- 第1時　やさしい　きもちで　B(6)　「くりの　み」
- 第2時　じぶんの　すききらい　ではなく　C(11)　「あしたは　えんそく」

【1時間】
よい　ところにきづいて　A(4)　「シートンと　どうぶつたち」

実践編 第2章

（使用教科書：光村図書「道徳1　きみがいちばんひかるとき」）

6月　【小単元③】
心が温かくなるとき
- 第1時　きもち よい あいさつ　B(8)
「おしゃべり」
- 第2時　いつも ありがとう　B(7)
「ありがとう いっぱい」
- 第3時　かぞく だいすき　C(13)
「かぞくと おはなし」

7月　【小単元④】本事例
みんなが気持ちよく過ごすために
- 第1時　しょうじきな こころで　A(2)
「きんの おの」
- 第2時　きまりをまもって　C(10)
「どうして こうなるのかな」
- 第3時　わがままを しないで　A(3)
「かぼちゃの つる」

【1時間】
1学期の学びの振り返り

2学期

中単元テーマ
友達や家族を大切にする

11月　【1時間】
ごまかしを しないで　A(2)
「なわとびカード」

【小単元⑦】
人のために頑張る
- 第1時　相手の立場に立って　B(7)
「みんな じょうず」
- 第2時　がんばって はたらく　A(1)
「きゅうしょくとうばん」

【1時間】
うつくしい こころ　D(19)
「ひしゃくぼし」

12月　【小単元⑧】
家族の中での自分
- 第1時　じぶんの しごとを しっかりと　C(17)
「おふろそうじ」
- 第2時　かぞくの ために　C(13)
「これなら できる」

【1時間】
2学期の学びの振り返り

低学年／中学年／高学年

3月　【小単元⑪】
生きる喜び
- 第1時　げんきに そだって　D(17)
「ちいさな ふとん」
- 第2時　ありがとうの きもちで　B(7)
「みんな、みんな、ありがとう」

【1時間】
1年間の学びの振り返り

作成のポイント

各学期の中単元テーマを考慮して、小単元（ユニット）をつくる。小単元は、テーマでつながる教材を複数組み合わせて構成する。10月にはちょうど1年の折り返しの時期ということもあり、いじめをしない心を育むために、4つの教材を組み合わせている。さらに、11、12月には集団や家族の中での自分について考えさせ、人のために頑張ることが自分にとっての喜びにもなることを実感させたい。3学期には、社会に目を向けさせ、自分の活躍を広げていけるように教材を配置した。

ユニットを構成しよう！

[小単元テーマ]
みんなが気持ちよく過ごすために

ねらい

自分にとってのよいことだけでなく、相手や周りにとってもよいことをしていくと、みんなが気持ちよく過ごせることに気付き、自ら進んで実践していこうとする意欲を育てる。

1年生の7月に行うユニットである。この時期は学校生活に少しずつ慣れ、ややもすると自己中心的な言動が見られるようになる。ただし、そういった行動に対する指導ではなく、自分も相手も気持ちよく生活できるようになるために大切な心を探していく。

そこで、A「自分自身に関すること」からはじまり、C「集団や社会との関わりに関すること」を挟んでAに戻るというユニットを展開していく。1時間目に考えたことから、どのように視点や思考が広がり、深まったかを丁寧に見取っていく。また、子供自身も自分の考えの変化、成長を時間できるようにしたい。

この3時間を通して、わがままをおさえ、友達や学級、社会にとってよいことをしていくと自分も気持ちよくなることを感じられるようにしたい。

正直な態度を養う

主題名

「しょうじきな こころで」A(2)

内容項目：正直、誠実
提示教材：「きんの おの」

◀ 授業展開のポイント

導入で「うそをつくことはなぜいけないか」と問い、様々な理由から正直にすることのよさに目を向けさせ、学習のめあてをもたせる。

展開で、かみさまはどうして初めのきこりをほめ、後のきこりにはおのを渡さずに消えてしまったのかを考えさせる。正直者にはおのを与えたくなるし、うそつきには何も与えたくなくなる気持ちに気付かせる。

終末で、正直な心で話せたら、相手はどんな気持ちになるか、また自分はどうかを考え発表させる。

◀ 学びの見取りポイント

多面的・多角的に考えることについて、かみさまの初めのきこりと後のきこりに対する気持ちの違いについて友達と話し合って気付いたことも含めてワークシートノートに書いているか見取る。

自己の生き方についての考えの深まりについて、正直な心で話せたらどんな気持ちになるか発表しているか見取る。

実践編 第2章

第2時 きまりを守る態度を養う

主題名
「きまりをまもって」C ⑽
内容項目：規則の尊重
提示教材：「どうして　こうなるのかな」

授業展開のポイント

　導入で普段の生活の中や学校の中でのきまりや約束にはどんなものがあるか問い、「どうしてきまりや約束があるのか」という本時のめあてにつなげていく。展開で、それぞれの絵について、どうして困ったことになってしまったのかを考えていき、自分だけよければいいという考え方が周りの迷惑につながることを理解させる。終末で、みんなが気持ちよく生活するためには、どんなことに気を付けたらよいかワークシートに書かせる。

学びの見取りポイント

　自己の生き方について考えることについて、それぞれの絵の場面について、身の回りの生活と照らし合わせながら自分事として考えられているかどうかを見取る。
　多面的・多角的に考えることについて、みんなが気持ちよく生活するために気を付けることについて、友達と自分の考えを交流させながら、新しく気付いたことや改めて考えたことをワークシートに書けているかを見取る。

第3時 自分勝手な気持ちを押さえる心情を育てる　**本時**

主題名
「わがままを　しないで」A ⑶
内容項目：節度、節制
提示教材：「かぼちゃの　つる」

授業展開のポイント

　導入で日常生活から「わがまま」にあたるものを思い浮かばせ、発表させる。そして、「わがままはなぜいけないか」という本時のめあてを設定する。
　展開で、「なぜかぼちゃは、みんなの言うことを聞かなかったのか」と問い、自分勝手な気持ちをもっていたけど、「自由に伸びたかった」という気持ちをおさえる。
　終末で、これからの自分に生かしていきたいことについて本時の授業に加え、単元全体の学習を振り返り、ワークシートにまとめさせる。

学びの見取りポイント

　自分との関わりで考えることについて、「なぜかぼちゃは、みんなの言うことをきかなかったのか」という疑問に対して自分の考えをもち、その理由を詳しく述べながら話合いに参加しているかを見取る。

低学年　中学年　高学年

第3時の授業展開

展開① 学習テーマの共有

わがままはなぜいけないか考える

学習テーマについて自分の考えをもつ

　普段の生活から、「わがまま」にあたるものを思い浮かべさせる。子供から「順番抜かし」や「好き嫌い」などが挙げられる。そして、「わがままはなぜいけないのだと思いますか?」と問い、ワークシートに今の自分の考えを書かせる。
　これは現段階での価値に対する自分の考えであり、授業後にどのように変容しているかを知る大事な手がかりとなるため、必ず記録させるようにしたい。ただし、書けなかった子供がいても、終末で書けるようになったらそれを成長として認める。

展開② 学習課題

自分の考えを自由に語り合う

ペアトークしながら意見を交流する

　教材「かぼちゃのつる」を提示した後、みつばちやちょうちょ、すいかや子犬の忠告を聞かなかったかぼちゃの場面絵を示し、「なぜ、かぼちゃはみんなの言うことを聞かなかったのでしょう」と問う。
　「かぼちゃは自由に伸びたかったんだ」という意見が出たため、「自由にぐんぐん伸びることは、いけないことなのでしょうか」と重ねて問う。
　すると子供たちは「う〜ん」と首をかしげながら考え込んだので、隣の席同士、ペアトークをさせる。自分の考えと友達の考えを比べながら自由に話し合わせる。

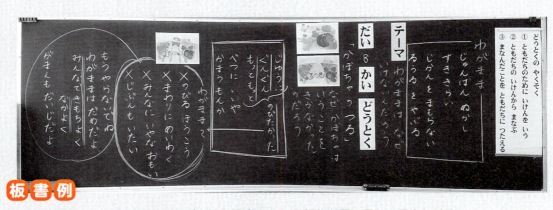

板書例
わがままをしないで生活することが大切な理由にあたる部分を□で囲み、目立たせる。

実践編 第2章

展開③ 共通解の共有

全体で話し合う

学習テーマに対して全員で話し合う

　自分の考えがもてたら、全体での話し合いをはじめる。「自由に伸びることはよいことだけど、伸びる方向がいけなかった」「周りに迷惑をかけないように伸びればよかった」と、本時の学習テーマに対する共通解を見付けていく。
　さらに「かぼちゃに対してどんなことを言ってあげたらよいでしょう」と問い、実際に役割演技させる。「わがままをすると、みんなが気持ちよく過ごせなくなっちゃうから、もうしないでね」など、わがままをしないで生活することがどうして大切かについても含めて言えるようにしていく。

展開④ 納得解の紡ぎ

本時で学んだことを ワークシートにまとめる

改めて学習テーマについて自分の考えを整理する

　わがままをしないで生活することが大切な理由について共通解をもったあとは、これまでの自分を振り返る。
　これまでの自分がどうだったか把握できたら、今の自分に必要だと思う心を選び、納得解である「生き方のヒント」として各自でワークシートにまとめ、発表し合う。
　授業の最後に、小単元（ユニット）の学習を通して、今の自分を見つめ未来の自分を考えていくことについての自分の考えの変容をワークシートにまとめる。

低学年　中学年　高学年

課題探求型道徳科授業を目指す本時のポイント

● **自己の生き方の課題と教材の登場人物の課題をつなげる**

　「わがままがなぜいけないか」について、導入で自己の生き方を見つめ、全体で学習のテーマをもつ。それを意識しながら教材を読み、ただ単にわがままがいけないことを理解するだけにとどまらず、よいこととよくないことの判断を考えていくことで、自己の生き方の課題と教材をつなげて課題探求を進めていく。

● **役割演技で実際に行ってみる**

　わがままがなぜいけないか、どのような点はよくて、どのような点はよくないかについての理解を深めたうえで、かぼちゃに対して何と言ってあげるかを実際に演じてみる。それをもとに全体での話合いを行う。「みんなが気持ちよく生活するために、わがままはいけない」という思いをもたせることで、さらに一段と探求が深まっていく。

通知表記入文例

1学期

評価の観点と見取りの工夫

①自分との関わりで考える
「〜な気持ちって自分にもありますか」や「自分だったら〜」と教材の登場人物に自分を重ねて考えられるように問い、共感的に自分を重ねて考えている姿を見取る。

②物事を多面的・多角的に考える
友達と積極的に考えを交わし合っている姿を見取る。

③自己の生き方についての考えを深める
導入と終末での考えの変化や学びの深まりをワークノートから見取る。

①自分との関わりを考える

- 「教材の登場人物の迷いに対して、自分も同じように迷った経験を思い出しながら友達と話し合っていました。」
- 「友達の考えを、自分ならどう考えるかと比較しながら聞くことができていて、『私も○○さんと同じような気持ちになったことがあって〜』と自分の経験を思い出して語り、深く考えられていました。」
- 「つい自分勝手にふるまってしまったり、人の気持ちに気付かなかったりしてしまうことも考え、自分にも同じようなことをしてしまったことがあるということに共感しながら、考えを深めていくことができました。」

2学期

評価の観点と見取りの工夫

①自分との関わりで考える
自分のこれからの生活を意識しながら、教材の登場人物の考えや行動について考えている姿を見取る。

②物事を多面的・多角的に考える
友達の考えと自分の考えが同じか、似ているか、違うかを考えながら聞いている姿を見取る。

③自己の生き方についての考えを深める
これからの自分に必要な考えをまとめているかをワークシートの記述から見取る。

①自分との関わりを考える

- 「教材の登場人物の考えを説明するときに、『私は○○だと思います。どうしてかと言うと〜だからです。』というように、理由と共に説明することができました。」
- 「授業のはじめにもった自分の考えについて『どうしたら〜できるようになるのだろう』『〜ってどういうことなのだろう』というような課題や疑問をもち、教材の登場人物の生き方にも触れながら、みんなに話すことができています。」
- 「授業で気付いた大切なことについて、今までの自分はできていたかどうかを素直に考えることができています。」

3学期

評価の観点と見取りの工夫

①自分との関わりで考える
1学期と比べて自分事として考えられるようになったことを見取る。

②物事を多面的・多角的に考える
1学期と比べて友達の考えを積極的に聞いたり、友達と異なる視点から発言できるようになったことを見取る。

③自己の生き方についての考えを深める
1学期と比べて、自分の考えを明確に表現できるようになったことを認め、自分のよさを伸ばしていこうとしている姿を見取る。

①自分との関わりを考える

- 「1学期よりも、教材の登場人物や友達の考えをよく聞くことができるようになり、共感的に理解することができるようになってきました。」
- 「グループで話すときにも、『自分も〜なことがあったとき、こんな気持ちになったから〜』と自分の経験を引き合いに出して、自分の考えを詳しく語れるようになってきました。」
- 「教材の登場人物の行動や気持ちについて、友達が語った考えに納得できないときには、詳しく話してもらうように頼み、みんなの考えを受けとめていくことができました。」

実践編 第2章

低学年

②物事を多面的・多角的に考える	③自己の生き方についての考えを深める
●「教材の登場人物の行動や気持ちを、理由も交えて積極的に語ることができています。友達の考えを聞くときは、納得できる考えに頷きながら聞くことができています。」 ●「教材の登場人物の行動を支えた思いについて、グループで話し合ったときは、自分から疑問に思っていることをグループの人に質問して、話合いの視点を深めていくことができていました。」 ●「自分と異なる考えを聞いたら、それをワークシートに書くことができました。また、友達の考えも取り入れて登場人物の気持ちを考えようとすることができていました。」	●「授業のはじまりには、今の自分の考え方や行動を思い起こしてから、学習へと向かうことができています。」 ●「授業の終わりには、授業を通して自分が新しく気付いたことや、これまでよりもさらに大事にしたいと思えたことなどをワークシートにまとめることができています。」 ●「授業のはじめに、学習のめあてについて考えが思い浮かばなかったときも、みんなと話し合っていくうちに、新しい意見が生まれ、今までの自分を振り返ったり、今後の生活に生かしていこうと思えたりすることができていました。」

中学年

②物事を多面的・多角的に考える	③自己の生き方についての考えを深める
●「いつも友達の考えを熱心に聞いています。自分にも同じ気持ちになることがあると思ったり、友達の考えに納得したりすると頷きながら聞いています。」 ●「隣の席の友達とペアトークをするときは、お互いの考えを伝え合った後、『他の考えって、もうないかな』と投げかけ、多様な考えを見付けようとしながら話し合っています。」 ●「1学期と比べて、いろいろな友達に話しかけていろいろな考えを聞こうとすることができています。自分になかった考えに出合うと、『確かに、そうかもしれない』と納得しながら、ワークシートに友達の考えを書き込んでいました。」	●「授業の中で見付けた考えをワークシートにまとめていきました。」 ●「授業の最後に、今の自分に必要だと思う考え方を一生懸命ワークシートに書くことができています。」 ●「授業のはじめで、自分の考えを発表するとき、いつも自分の考えを積極的に語りながら、自分に必要な生き方のヒントを見付けようとしています。」 ●「授業の最後に、自分に身近な場面でこんなことをしてみたいと道徳的実践に向かって意欲を高めた様子をワークシートに記述していました。」

高学年

②物事を多面的・多角的に考える	③自己の生き方についての考えを深める
●「1年を通して、いつも自分の考えを積極的に友達に話していました。」 ●「いつも、友達の話を一生懸命聞いています。1学期よりも、友達の考えに対する自分の考えを頷きや拍手、挙手などで反応することができるようになってきました。」 ●「全体で出された考えに対して、『例えば、〜の場合は、どうなるんだろう』と他の場面を提示して、みんなが別の視点から教材の登場人物の行動を考えることができるようになりました。」 ●「1年を通して、友達と語り合うことが好きで、いろいろな友達と、互いの考えを交流させています。」	●「これまでの授業で学んだことをよく覚えていて、『前の道徳の時間にも話し合ったとおり、〜だから…』というように、これまでに自分が学んだことを思い出しながら、話していることがよくありました。」 ●「『もし自分が〜だったら』などと、自分のこととして想定しながら考えることができていました。」 ●「今の自分の考えから、これから自分が大切にしていきたい考え方を見付けることができています。」 ●「最初の道徳の授業で立てた自分の目標を振り返りながら、努力を続けてきたようで、1学期のころより粘り強くなった自分の変容に気付いていました。」

年生　　　　　　　　　　　大単元テーマ

社会に進んでかかわろうとする気もち

②年生の発達の段階を踏まえる

　1年生からの道徳教育の積み重ねにより「うそはいけない」「身近な人に優しくする」などの道徳的諸価値を概ね理解はしているが、実践力についてはまだ発達途上である。また、自分事としてとらえ、振り返りを行うためには日頃から教師が子供を見取り、子供が共感できる学習テーマや課題を設定することが重要である。道徳的価値を実現することの「よさ」にもふれながらユニット構成を検討していきたい。

①年を通じて養いたい資質・能力

1　道徳的価値の理解
子供自身の生活場面と関連させながら、登場人物の気持ちに寄り添ったり、共感したりすることで、道徳的諸価値を把握できるようにする。それを基に、道徳的価値のよさや、どんな場面で実現できるかを考えることによって、道徳的価値の理解を深めていきたい。

2　道徳的価値への思考力・判断力・表現力
「～したいけど、なかなかできない」という価値葛藤に共感しつつ、「私だったら～したほうがよいと思う」などの考えや根拠を発信し合えるようにしたい。言語活動と関連させながら、議論できる道徳を目指し、共通解から納得解へと進化できるようにしたい。

3　道徳的学びに向かう力
「きく」とは聞く・聴く・訊くなどがあり、学習の出発点とも言われる。対話によって深められた道徳的価値の理解や思考力・判断力・表現力をもとに、よりよい自分になろうとする心情に気付いたり、自己の生き方について考えられるようにしたい。

学びの見取りツール

ハンドサイン（言語活動との関連）
グーは「同じ意見」。チョキは「付け足し」。パーは「違う意見」。子供が発言した後は、必ず全員がハンドサインで意見を表す。

役割演技
教師と子供が対話をしながら学習を振り返る。教師が即興で言葉を変えることで、子供の素直が反応が見られる。

ネームプレート
展開後段では、ねらいとする価値に近い考えをいくつか提示し、自分の考えと近いところにネームプレートを貼る。

１年間を通じて子供の学習状況を把握するポイント

　２年生は言語がまだ十分に獲得されていないため、話したり書いたりすることに戸惑いを感じる子供がいる。そこで、学習の終末では全体で共有できるような視覚化された振り返りを行うことが効果的である。役割演技は、言語化が難しい子供でも、対話によって意見を表しやすくなるとともに、見ている子供のリアクション（うなずく・共感するなど）も学びの見取りとなる。ネームプレートは、学習で学んだ道徳的価値と今の自分の考えを比較するためのツールとして活用することができる。学習では必ずハンドサインを使うことで、一つの意見に対して深まりをもたせ、多角的・多面的な考えがあることがわかるようにする。

カリキュラム・マネジメントを意識した年間計画

1学期

4月 【1時間】
道徳の授業の見通しをもとう

【小単元①】
ゆたかな学校生活をおくろう
- 第1時 わたしたちの学校　C
「けやきの校しょう」
- 第2時 学校を楽しく　C
「わたしの学校、いい学校」

5月
- 3時間 みんながつかうもの　C
「わすれられた　しらゆきひめ」

【小単元②】
よいことができたときの喜び
- 第1時 考えてこうどうしよう　A
「聞こえなかったお話」
- 第2時 すすんでやろう　A
「思いきって」

【小単元③】
いのちの尊さを感じて
- 第1時 いのちを見つめよう　D
「生きているってどんなこと？」

中単元テーマ：**よいと思うことや、正しいと思うことを見つめよう**

9月 【1時間】
時間をまもる　A
「べんきょうがはじまるよ」

【小単元⑤】本事例
きまりを守るのはなぜだろう？
- 第1時 きまりは何のために　C
「こんなことしていないかな？」
- 第2時 あんぜんな生活　A
「うさぎのみみた」
- 第3時 みんなのものを気もちよく　C
「黄色いベンチ」

10月
【小単元⑥】
もっとなかよくなろう
- 第1時 気もちのよいあいさつをしよう　B
「ごあいさつ　ごあいさつ」
- 第2時 心をつなぐあいさつ　B
「まいちゃんのえがお」
- 第3時 せかいの友だち　C
「かえるのおり紙」

【1時間】
わたしの町のよいところ　C
「もっと知りたい、わたしの町」

3学期

1月 【1時間】
自分でできることは　A
「かたづけ名人」

【小単元⑩】
自分の気もちは正直に
- 第1時 すなおな気もちで　A
「お月さまとコロ」
- 第2時 正直な心　A
「ねこがわらった時」

2月
【小単元⑪】
家族を大切にする心
- 第1時 いのちがうまれる　D
「弟のたんじょう」
- 第2時 かぞくのいちいんとして　C
「ぼくにできること」

【第1時】
一生けんめいにはたらく　C
「お父さんのあせ」

中単元テーマ：**感動する心を見つめよう**

実践編 第2章

（使用教科書：学校図書「小学校どうとく2年　かがやけ　みらい」）

月
- 第2時　生きものを大切に　D
  「からすの子」
- 第3時　うけつがれる　いのち　D
  「たんじょう日にありがとう」
- 第4時　心から、ありがとう　B
  「きつねとぶどう」
- 第5時　支え合う家族　A
  「はなかっぱの　大ぼうけん」

月
【小単元④】
まけない心
- 第1時　自分のためにがんばる　A
  「ありときりぎりす」
- 第2時　強い心で　A
  「だいじょうぶ、キミならできる！」

【1時間】
1学期の学びの振り返り

2学期

中単元テーマ
他者に寄り添う自分の気もちを見つめよう

低学年 ／ 中学年 ／ 高学年

月
【小単元⑦】
本当の親切って何だろう？
- 第1時　あたたかい　心で　B
  「ぼくは二年生」
- 第2時　やさしい気もちで　B
  「ごめんね、もえちゃん」

【小単元⑧】
友情と思いやり
- 第1時　友だちを思う心　B
  「ゆっきとやっち」
- 第2時　あたたかい心をとどけよう　B
  「ぐみの木と小鳥」

12月
【小単元⑨】
友だちとの信頼
- 第1時　しんじ合う友だち　B
  「また、あしたね」
- 第2時　正しいことは　A
  「こくばんといちょうの木」
- 第3時　こうへいな気もちで　C
  「だれから　かこうかな」

【1時間】
2学期の学びの振り返り

3月
【小単元⑫】
感動する心
- 第1時　うつくしい心にふれて　D
  「とべないほたる」
- 第2時　うつくしいものをかんじて　D
  「七つの星」

【1時間】
1年間の学びの振り返り

> **作成のポイント**
>
> 低学年の発達の段階を考慮して、学期はじめは学校生活に関わる小単元を設定した。また、ユニットを組む際は、なるべくA→Aなど領域が重なるようにすることで学習の理解と深まりをもたせられるようにした。主に、1学期ではAの視点、2学期ではBの視点、3学期ではC・Dの視点で小単元を構成した。
> ユニットが効果的に学習に生かされることや、単元全体を通して指導者のねらいがぶれないためにも時数の取扱いについても考慮したい。

ユニットを構成しよう！

[小単元テーマ]
きまりを守るのはなぜだろう

ねらい

約束やきまりを尊重することは、自分と他者が安心で安全に生活できることにつながる。ルールを守ることの大切さの意味を知り、自分勝手な行動をわきまえる態度や、公共物・公共の場所などの使い方などについての理解を深める。

2年生の発達の段階では、まだ他律的である。大人から「ルールは守らないといけない」と教えられてきているが、それがなぜなのかは深く理解していない。そこで集団に対する意識を高めるために第1時ではCの「集団や社会との関わりに関すること」を設定する。

しかし、きまりや規則を尊重するためには、自分自身の強い意識や注意力などが必要不可欠である。

そこで、第2時ではAの「自分自身に関すること」につなげていく。そして第3時ではもう一度Cの視点に戻り、第1時・第2時で学んだことを生かしながら、社会集団の一員として、みんなが気持ちよく生活できるような態度を身に付けられるようにしていく。

第1時　安心で安全な生活のために

主題名
「きまりは何のために」C (10)

内容項目：規則の尊重
提示教材：「こんなことしていないかな？」

授業展開のポイント

学校生活をする中でどんなルールがあったかを思い出させる。日頃の子供たちの様子を振り返り「廊下を走ってしまった」や「登下校で違う道を歩いてしまった」など、低学年にありがちな場面をおさえ、学習課題にする。きまりを守っていない教材の挿絵を見ながら、どんな問題点が挙げられるかを考え、きまりを守る大切さに気付けるようにする。

学びの見取りポイント

挿絵から「周りの人」について考え、友達・家族・地域の人など、自分に関わるいろいろな人がいることに気付く。

挿絵を手がかりにまちの人の表情に注目し、自分勝手に行動すると、まわりの人が迷惑になってしまうだけでなく、自分自身も危険な場面に遭遇することがあることに気付いている姿を見取る。また、約束やきまりを守ることは安全で安心な生活につながることを理解しているかを見取る。

実践編 第2章

第2時 自分の生活を見直そう

主題名
「あんぜんな生活」A (3)

内容項目：節度、節制
提示教材：「うさぎのみみた」

授業展開のポイント

前時で学んだことを生かしながら、自分勝手な行動をすると周りの迷惑になってしまうことをおさえる。そして、主人公の行動に注目しながら、「大人の注意を聞かない主人公に対して、周りの友達も注意をする意味はあるのか」という葛藤場面を通して、それでも注意を促したり素直に注意を受け入れようとする気持ちの大切さについて考える。

学びの見取りポイント

前時の学習から自分を取り囲む「周りの人」を思い出し、迷惑をかけないで過ごすには、「少しぐらい、いいや」というわがままな気もちや、やり過ぎないことが大切であることがわかり、自分の生活を見つめ直して考えることができる。
安全な生活をおくるためには、注意をしたり、素直に注意を聞いたりすることが大切であることに気付いている姿を見取る。

第3時 きまりを守る大切さに気付く 【本時】

主題名
「みんなのものを気もちよく」C (10)

内容項目：規則の尊重
提示教材：「黄色いベンチ」

授業展開のポイント

第1時では社会や集団に、第2時では主体的にルールや約束を守ることの大切さについて目を向けさせた。本時ではその流れをつなげた学習課題を設定し、公園のベンチに乗っている男の子たちの行動が自分勝手なふるまいであることに気付き、役割演技を通して「自分だったら」という視点で考える。そして最後に単元全体の振り返りを行う。

学びの見取りポイント

ベンチの上に乗って紙飛行機を飛ばす男の子の気もちをふまえ、それでもきまりを守ろうとする心情が大切であることに気付く姿を見取る。
役割演技を通して、紙飛行機を飛ばす場所を考えたり、時には周りの人のことを考えて注意をしたりしている姿を見取る。また、役割演技を見ている子供のうなずきや、つぶやき、表情などの共感・反感の様子を見取る。

低学年 中学年 高学年

第3時の授業展開

展開① 学習テーマの共有

公共の場所やものの使い方について考える

模造紙にまとめ、学びの足跡を視覚化する

　前時までの学習を掲示物にして注目させる。第1時の「きまりを守ると快適にすごせるようになる」、第2時の「自分勝手な行動をせず、注意をしたり聞いたりする」という共通解をおさえ、今までの学習で学んだことを確認した。
　教材を一読後、子供からこの話の問題点を挙げさせると、「男の子たちがベンチの上に乗っていること」や「雨上がりでくつが汚れていたこと」などを挙げた。子供が問題意識を共有したことから、教師がまとめて本時の学習テーマを示した。

展開② 学習課題

登場人物の気もちを考える

出典「どうとく5　きみがいちばんひかるとき　光村図書」

　学習テーマを提示後、ベンチに乗った「たかしくん」と「てつおくん」の2人の男の子たちの視点で考える。
　第1発問では「紙飛行機をとばしていた時の2人の気もち」を考えた。第2発問では「スカートがよごれてしまった女の子を見たときに思ったこと」を考えた。子供からは「ベンチに乗らなければよかった」という意見も出たが「すべり台から飛ばせばいい」や「女の子も気をつけたらいい」という発言があった。
　そこで第1時・第2時で学んだルールや約束、安全についての補助発問をすることで、話し合いに深まりをもたせた。

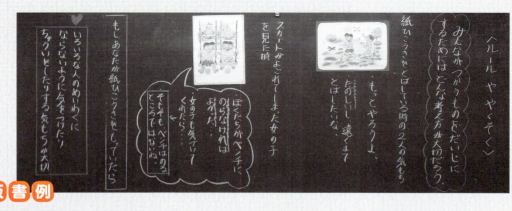

板書例
板書の情報量はなるべく少なくする。子供たちの意見は教師が短い言葉でまとめる。

展開③ 共通解の共有

役割演技を行う

本物のベンチを用意することで、より具体的な演技を行う

教師が「てつおくん」役、子供が「たかしくん」役となって紙飛行機を飛ばすシーンを演技する。教師が「ベンチに乗って飛ばそうよ」という声かけに対しての子供の反応を見取る。子供からは「雨でくつが汚れているからダメだよ」「周りの人にめいわくになっちゃうよ」「紙飛行機を飛ばすなら、ちがう場所でやろうよ」という反応があった。教師の誘いを注意したり、場所を変えることを提案をすることに共感する子供の姿も見られた。

そこで共通解では、「いろいろな人の迷惑にならないように気をつけたり、注意をする気もちをもつ」ことを板書にした。

展開④ 納得解の紡ぎ

小単元全体を通して学んだことをまとめる

第1時、第2時で使った挿絵をワークシートにして単元全体を意識化

共通解をもとに、今までの学習を通して学んだことや感じたことを、ワークシートにまとめた。その際、第1時であげられた学校生活のルールを切り口に、これまでの自分を振り返りやすくした。

単元全体を通しての振り返りなので、学校生活だけではなく日常の場面における振り返りでもよいことを子供に伝えた。

記述には時間がかかる子供もいることから、十分な時間が確保できるように配慮した。ワークシートは一度回収し、子供一人ひとりがどのように学んだのかを見取り、翌日の朝の会で紹介した。

課題探求型道徳科授業を目指す本時のポイント

●集団と自分の関わりで考える

「C 主として集団や社会との関わりに関すること」の中には「A 主に自分自身に関すること」の存在が関連していることを指導者が意識する。自分自身が節度をもって行動することや、注意をしたり、注意を聞いたりする態度が大切であることに気付けるようにする。

そのためには、前時までの学習を模造紙などにまとめて掲示することで、子供の思考をつなげやすくするとよい。

●自分の考えを視覚的に示す

話合い活動のとき、ハンドサインは思考を見取る一つのツールではあるが、考えがまとまらないうちに手を挙げてしまう子供もいるため、必ずしも正確な反応が見取れるとは言い切れない。

そこで、低学年で効果的な役割演技も取り入れることで、子供がいっそう主体的に学習に参加できるようにする。発言・記述・読みなどが苦手な子供でも積極的に参加できるため、子供への配慮や支援にもなる。

通知表記入文例

1学期　評価の観点と見取りの工夫

①自分との関わりで考える
「このときの〇〇は、どんなことを思っていたのだろう」と問い、登場人物の気もちに寄り添って考えている姿を見取る。

②物事を多角的・多面的に考える
友達の考えにうなずいたり、つぶやいたりしながら考えている姿を見取る。

③自己の生き方についての考えを深める
日常における自己の問題意識を捉え、学習を通して考えが深まったり、学んだりしている姿を見取る。

①自分との関わりを考える

- 「教材の登場人物の『〜したいけどできなかった』という葛藤場面に、自分だったらと置き換えて考えを発表することができました。」
- 「負けない心をテーマにした学習では、あきらめずに努力する登場人物に共感し、自分の中にある弱い心に負けないで、くじけない気もちが大切であると考えていました。」
- 「『おもいきって』の学習では、自分の意見を言うことをためらってしまう登場人物の気もちに共感し、自分の考えが言えたときの嬉しさをまじえながら語ることができました。」

2学期　評価の観点と見取りの工夫

①自分との関わりで考える
登場人物の気もちに寄り添い、自己の課題と関連付けて考えている姿を見取る。

②物事を多面的・多角的に考える
友達の考えに付け足しや、反対意見、質問などをしながら、道徳的価値の理解を深めようとしている姿を見取る。

③自己の生き方についての考えを深める
学習を通して深まった考えや、学んだことを結び付けて、自己の生き方について考えている姿を見取る。

①自分との関わりを考える

- 「日常における問題意識を道徳の学習に結び付けて考えていました。〜できなかったときの登場人物の気もちを、自分の経験と重ねて考えていました。」
- 「学習のテーマや課題を意識して積極的に取り組む姿が見られました。」
- 「礼儀をテーマにした学習では、『言葉と気もちをこめてあいさつをすると、自分も相手も気持ちよくなれた』という経験を話しながら、登場人物の気もちを考えていました。」
- 「『べんきょうがはじまるよ』では、授業のはじまりが遅れてしまったことを思い出し、時間を意識して行動することの大切さを感じていました。」

3学期　評価の観点と見取りの工夫

①自分との関わりで考える
学習課題を自分事として考え、自分の経験と関連させて考えようとしている姿を見取る。

②物事を多面的・多角的に考える
これまでの学習で学んだことと関連させ、道徳的諸価値と結び付けながら多様な見方や考え方を働かせている姿を見取る。

③自己の生き方についての考えを深める
自己の課題を捉え、よりよく生きるために自分を見つめ直している姿を見取る。

①自分との関わりを考える

- 「学習で自分の考えがまとまらないときでも、友達の意見を参考にしながら、自分にも同じような経験がなかったかを考えていました。」
- 「教材を一読後に、『このお話の課題や問題点は〜です』と捉えていました。自分の経験と重ねながら、登場人物の気もちを発言していました。」
- 「『かたづけ名人』では、自分のお道具箱を見ながら、実際に整理整頓をしてみる活動を通して、登場人物の気もちの変化を考えることができました。」
- 「『ねこがわらったとき』の学習では、登場人物がごまかしている姿に課題を感じ、今までの自分自身の生活を振り返っていました。」

実践編 第2章

②物事を多面的・多角的に考える

- 「友達の意見に対してハンドサインを使いながら、同じ意見や反対の意見を表しています。友達の意見でわからないことがあると、積極的に質問をして理解をしようとしていました。」
- 「『わたしの学校、いい学校』では、教材を通して自分の学校のよさについて考えました。友達の意見に共感し、みんなが親しく過ごしていけば仲のよいクラスがつくれるようになると考えていました。」
- 「『からすの子』では、飼育係の友達の話を聞き、生きものをかわいがるだけではなく、ちゃんとお世話しようとする気もちが大切であると考えていました。」

③自己の生き方についての考えを深める

- 「学習では、自分と考えが近いところにネームプレートを貼って意見を表しています。振り返りの時間では、学習を通して学んだことや、これからの自分がどうなりたいのかを考えている場面がありました。」
- 「『ありときりぎりす』の学習では、やるべきことをしっかりやることが大切であるとわかりました。それには、自分に負けない心が大切であると考え、これからもそのような気もちで過ごしていきたいと感じていました。」
- 「『きつねとぶどう』では、親ぎつねの愛情に気付き、身近な人にも感謝をもって接していこうとする態度が表れていました。」

②物事を多面的・多角的に考える

- 「自分の考えをしっかりもち、友達と違う意見でも積極的に発表する姿が見られました。意見を交換するうちに、自分に足りなかった考えを補い、学習に深まりをもたせることができました。」
- 「『ごめんね、もえちゃん』では、思いやりとおせっかいの違いについて考えました。友達の「思いやりはおしつけてはいけない」という発言に、うなずいていました。」
- 「友達との信頼をテーマにした学習では、友達の意見に付け足して『お互いに間違ったことがあっても素直に謝れば仲よくなれる』という考えを発表していました。」

③自己の生き方についての考えを深める

- 「日常の生活を意識して、学習の課題を捉えることができました。学習の終わりには、本時で学んだことや感じたことを振り返り、これからの自分について見つめ直していました」
- 「親切・思いやりをテーマにした学習では、困っている友達に優しくできたときの自分を思い出し、お互いが気持ちよくなるために、すすんで行おうと考えている姿を見ることができました。」
- 「『だれからかこうかな』の学習では、人に不公平に接すると、悲しんでしまう友達がいることに気付き、誰に対しても分け隔てなく関わろうとする気もちを大切にしたいと考えていました。」

②物事を多面的・多角的に考える

- 「家族愛をテーマにした学習では、今までの学習と関連させて、命の大切さを語る場面がありました。自分も家族の一員として助け合って生活していくことの大切さに気付きました。」
- 「ルールや約束をテーマにした学習では、ルールを守るとみんなが安心で安全に過ごせることがわかりました。また注意をするときは、仲のいい友達にも平等に接することが大切であると気付いていました。」
- 「感謝をテーマにした学習では、相手の思いやりに気付くことが大切であると考え、すすんで『ありがとう』と伝えようとしていました。」

③自己の生き方についての考えを深める

- 「学習を通して、その価値を実現するよさにもふれて考えていました。これからの自分を想像し、『自分だったら〜したい』と考えていました。」
- 「いつも学習課題を自分事として捉え、意識しながら取り組んでいました。これまでの学習で学んだことを関連させながら、これからの自分について真剣に考え、よりよく生きようとする気もちをもっていました。」
- 「自分自身の考えや思いに深まりがもてたと実感していました。次年度は、一つ学年が上がり上級生という意識で、今よりもよく過ごしていきたいと考えていました。」

低学年 | 中学年 | 高学年

大単元テーマ

自分にできることは何だろう
よりよく生きるため、学びを生かして自分にできることは何かを見つめていく

③ 年生の発達の段階を踏まえる

中学年から集団で活動したり協働したりしながら生活する機会が増えるため、課題に対して主体的に人と関わることを前提にして道徳性を育てたい。登場人物の言動を演技して考える役割演技等の体験的な学習を取り入れるユニットを構成する。自分と向き合うことを基にして、友達の感じ方や接し方、学校や社会との関わり方へと生きる視野を広げ、自己の生き方における納得解を見付ける授業づくりにつなげたい。

① 年を通じて養いたい資質・能力

1 道徳的価値の理解
内容項目ごとの道徳的価値「正直」「礼儀」「思いやり」「感謝」「自然愛護」などを行動と関連付けることで、具体的な道徳的実践につなぎ、より身近な生活経験とつないで考える機会をもたせることで、価値の理解を深めていきたい。

2 道徳的価値への思考力・判断力・表現力
道徳的価値に対して、仲間と考えを共有したり、違いを知ったりするため、ハンドサインやネームプレートでの意思表示を手掛かりにする。考える時間を確保することで、自分ならどうするのか納得できる答えを導き出せる力を育成したい。

3 道徳的学びに向かう力
自己を見つめるだけでなく、他者と対話したり協働したりしながら、一人一人が多様な考え方や感じ方に接することで、物事を多面的・多角的に考える場面設定をしていく。ペア活動やグループ交流を積極的に活用して、学びの場全体を生かしていく。

学びの見取りツール

ワークシート
自分の考えの変容を捉え、自己内対話を深めることができるワークシートを作成する。

ネームプレート
自分の立場を明確にするため、磁石を貼ったネームカードを発表した意見や考えの提示の際に使用し、多面的・多角的に捉える。

学期ごとの自己評価カード

中単元テーマを軸として、学期ごとに振り返りを行う。教師からは、認め、励ます言葉やコメントを返す。
学期ごとに自己評価を行う。学年の道徳目標を設定し、授業との関連も含めて設定をする。

1年間を通じて子供の学習状況を把握するポイント

　授業では、自分の考えを意思表示できるようネームプレートを活用する。友達との考えの違いを知ったり、道徳的行為を選んだ根拠を示したりする手立てとする。
　授業の前後の比較、登場人物への自我関与による展開前段と後段など、発問やワークシートは毎時使用し、道徳ファイルを用意してポートフォリオに保存していく。1時間、小単元の学びを積み重ね、学期ごとに中単元テーマに対しての振り返りを行う。子供自らが、目標に対する意識の高まりを追うことができるようにすることで道徳的価値の理解が深まったかを捉え、内容項目ごとにまとめることで、学びの軌跡を振り返ることができるようにし、教師は系統的に変容を把握できるようにする。

カリキュラム・マネジメントを意識した年間計画

1学期

4月【1時間】
楽しいクラスに C(15)
「よろしくギフト」
↓
【小単元①】
自分ならどうする〈1〉
第1時 正しいと思うことを A(1)
「たった一言」
第2時 分けへだてしないで C(12)
「道夫とぼく」

5月
第3時 相手の意見も大切に B(10)
「日曜日の公園で」
↓
【小単元②】
クラスの中の自分
第1時 友だちと助け合って B(9)
「目の前は青空」
第2時 それぞれのいいところ A(4)
「三年元気組」
第3時 やくそくを守って C(11)
「かるた遊び」

中単元テーマ
自分ならどうするか考えをつないでみよう

9月【1時間】
きまりの意味 C(11)
「きまりのない国」
↓
【小単元⑤】
自分ならどうする〈3〉
第1時 やさしさって B(6)
「持ってあげる？食べてあげる？」
第2時 気持ちをつたえ合って B(10)
「水やり係」
第3時 みんな生きている D(18)
「生きているなかま」

10月
【小単元⑥】
学校の中の自分
第1時 相手につたわるれいぎ B(8)
「あいさつ名人」
第2時 力を合わせてはたらく C(13)
「マリーゴールド」
第3時 よりよい学校に C(15)
「学校のぶどう」
↓
【小単元⑦】
身近なもののよさを知る
第1時 昔から伝わる物 C(16)
「ふろしき」

3学期

1月【1時間】
美しいしぜん D(20)
「まわりをみつめて」
↓
【小単元⑩】
自分ならどうする〈4〉
第1時 よく考えて A(3)
「黄金の魚」
第2時 よいと思ったことは A(1)
「よわむし太郎」

2月
【小単元⑪】
未来の自分を考える
第1時 明るい心で A(2)
「ぬれてしまった本—エイブラハム＝リンカーン」
第2時 自分を見つめて A(4)
「『わたしらしさ』をのばすために」
第3時 ゆめに向かって A(5)
「スーパーパティシエ物語」

中単元テーマ
これから自分に何ができるか考え行動しよう

実践編 第2章

（使用教科書：光村図書「どうとく３　きみがいちばんひかるとき」）

6月 【1時間】
ほどよいかげんで　A(3)
「やめられない」

↓

【小単元③】**本事例**
自分ならどうする〈2〉
第1時　公平なたいどで　C(12)
「なおとからのしつもん」
第2時　すなおにあやまる心　A(2)
「よごれた絵」
第3時　友だちっていいね　B(9)
「友だち屋」

7月 【小単元④】
自然を見つめる
第1時　かけがえのない命　D(18)
「大切なものは何ですか」
第2時　身近な生き物に　D(19)
「ヤゴ救出大作戦」（体験活動）

↓

【1時間】
1学期の学びの振り返り

2学期

中単元テーマ
自分と友達の思いをくらべ、考えをもとう

11月
第2時　ちがいを知って　C(17)
「マサラップ」

↓

【小単元⑧】
地いきの中の自分
第1時　みんなのためにはたらく　C(13)
「係の仕事に取り組むときに」
第2時　進んで親切に　B(6)
「みんながくらしやすい町」
第3時　まわりの人にありがとう　B(7)
「とくジーのおまじない」

12月 【小単元⑨】
つながりを感じる
第1時　つながっている命　D(18)
「ヌチヌグスージー命の祭り」
第2時　家族みんなで　C(14)
「百六さい、おめでとう、ひいばあちゃん」

↓

【1時間】
2学期の学びの振り返り

低学年　中学年　高学年

3月 【小単元⑫】
感しゃの心をもつ
第1時　つたえたいありがとう　B(7)
「ありがとうの気持ちをこめて」
第2時　家族への思い　C(14)
「漢字に思いをこめて」

↓

【1時間】
1年間の学びの振り返り

> **作成のポイント**
>
> 各学期の中単元テーマを発展させ、小単元（ユニット）を作る。小単元は、テーマでつながる教材を複数組み合わせて構成し、3年生では3つくらいまでの教材を組み合わせる。教科書を参考資料として、体験的な学習として役割演技を取り入れたり、体験活動の組み合わせたりすることで、具体的な実践につなげる。
> また、年間行事や他教科と関連付けた取組も可能である。自然愛護と「理科」、友情、信頼と「遠足」といった例が挙げられる。

065

ユニットを構成しよう！

[小単元テーマ]
自分ならどうする？＜友達＞

ねらい

様々な場面における友達との関わりを通して、自分の考えと相手の考えの違いを理解することで、よりよい人間関係を積極的に築こうとする実践意欲を育てる。

本ユニットでは、主に学級集団の中で「自分と友達」という二者関係において、自分の在り方や考え方を見つめ直す。3年生では、B「人との関わりに関すること」については自分と異なる立場や考え方を理解して、望ましい人間関係が構築できるようにすることが重視されている。

そのため、学級集団においてC「集団や社会との関わりに関すること」で多面的・多角的な考えにふれ、具体的な場面想起をA「自分自身に関すること」で設定することで、正直・誠実に相手に接することに気付きをもたせる。その礎があってこそ、友達の温かさやよさを実感し、互いに理解し合い、助け合うようになっていくことを目指していく。

この時期の子供にとって、友達関係は、家族以外で特に重要な人間関係の一つである。この3時間を通して、共に学び、遊び、日々の学校生活での関わりの中で、互いの考え方を理解することが、よりよい友達関係を築く力となっていくことにつなげたい。

第1時 友達になるために大事なこと

主題名
「公平なたいどで」C ⑿

内容項目：節度、節制
提示教材：「なおとからのしつもん」

授業展開のポイント

導入で問いかけのような友達の態度について、自分がどのように感じるのかを投げかける。席替えのときや休み時間のときのようすを、役割演技をすることで、自分や相手がどのような気持ちになるのかを感じ取らせる。それぞれの立場で、自分が感じた思いをペアや全体で意見交流し、多様な考えを知ることで自分が取るべき態度に気付くようにする。

学びの見取りポイント

自己を見つめることについて、登場人物のように、これまで相手の好き嫌いによって態度を変えたことがなかったかを振り返り、自分の態度が相手にどのような思いをさせたのかに気付いているかを役割演技をする様子から見取る。自己の生き方についての考えの深まりについて、これから席替えや休み時間といった学校生活の場面で、クラスの仲間に対してどのような態度で接することが大切なのかを考え、学習シートのまとめで見取る。

第2時 いつも正直な心で（本時）

主題名　「すなおにあやまる心」A（2）

内容項目：正直、誠実
提示教材：「よごれた絵」

授業展開のポイント

導入で学校や普段の生活で、悪いことをしたときの行動や心情を想起させる。主に役割演技を観察する立場から、主人公の不安な心情場面を捉え、その心の揺れ動きから正直に伝えようという思いへの共感へつなぐ。勇気を出して謝った登場人物の気持ちの変容に共感しながらふれていく。過ちを正直に伝えることの大切さと価値について深く考える。

学びの見取りポイント

自己を見つめることについて、自分がこれまで悪いことや失敗してきたときにどのようにしていたかと、そのときに自分がどんな気持ちだったかを、登場人物の変容と比べながら考え、共感的に感じながら意見交流できているかを見取る。登場人物が勇気をもって正直に謝る行動をしたことは、相手にとっても自分にとっても大切なことであることに気付き、これからの生活に生かしていくことを学習シートに書いているか見取る。

第3時 友達を大切にすること

主題名　「友だちっていいね」B（9）

内容項目：友情、信頼
提示教材：「友だち屋」

授業展開のポイント

導入で自分が考える友達とはどんな人なのかを考えさせる。様々な友達像の中から、オオカミに出会ったキツネの心の変化に自我関与することで、本当の友達とはどんな人なのかを考える。「友達っていいな」「いっしょにいるとうれしいな」という温かい感覚をもたせる。最後に、単元全体の学習として友達にどう接していけばよいのかを振り返る。

学びの見取りポイント

多面的・多角的に考えることについて、クマとキツネのそれぞれに対する態度を比べることができ、自分なら本当の友達にこうするという考えをもち、その理由を考えながら意思表示できているかを見取る。

自己の生き方について、友達がいることのよさに気付き、これまでの友達や仲間との関係を見つめ直し、これからよりよい関係を築くためにどうすればよいのかを考え、学習シートに書いていることを見取るようにする。

第2時の授業展開

展開① 学習テーマの共有
どんなときに道徳的行為をするか想起する

自分の思いと向き合う時間をとる

「ごめんなさい」という場面を具体的に想起する。学校生活の場面や友達との関わりの中でよく起こることである。

まずはじっくりと自分と向き合い、自分の経験を振り返った上でグループと意見交流をする。発表では、クラスの中で同じ経験をした子について尋ね、ハンドサインにより共通認識を図る。

この教材では、「わざとでなくても悪いことをしてしまったとき」すなおな心であやまることができるのかを考えていくため、もし自分が主人公だったら…という視点で問いかけていく。

展開② 学習課題
道徳的行為をする前の思いについて語る

出典「どうとく3 きみがいちばんひかるとき 光村図書」

教材「よごれた絵」では、「登場人物が自分だったらどのように考えますか」と伝えた上で、範読を聞く。主人公である「ぼく」の発言や行動を押さえた上で、「すぐあやまらないでいると、どんな気持ちになりますか？」と問い、自分事として考える時間をもつ。

意見交流の時間をもつ間、多面的な考えを取り出せるよう、机間指導により教師がチェックしておく。子供の相互指名により発表するが、「自分が」後悔する、怒ったらどうしようといった考えだけでなく、「相手が」困るのでは、悲しむのではという考えを出させる。

板書例

登場人物の思いを自分事として捉えることができるように、吹き出しを活用して子供の思いを表記する。

実践編 第2章

展開③ 共通解の共有
役割演技の参観を通して、体験に共感する

役割演技をする中での心情変化を追う

　役割演技では、子供（ぼく）―教師（あきらさん）となって、あやまる場面について演じる。教材では、ぼくがあやまると「いいよ」と許してくれる場面となっているが、あきらさんの心の揺れ動きや、なぜすなおにあやまることができなかったかを教師が問うことで、揺さぶりをかける。子供が「ぼく」に自己投影した後に、受け入れてもらえる場面へと移る。
　最後に「あやまったあと、どんな気持ちになりますか？」と問うことで、素直に謝ることで得られる気持ちの変容や安堵感、まだ残る不安といった共通解を共有していく。

展開④ 納得解の紡ぎ
感じたことをグループで意見交流する

グループ交流で友達の考えを聞き合う

　本時の学習で考えたことや感じたことを振り返る。「これから自分はどうしていきたいのか」を問うことで、すなおにあやまることの大切さを感じた上で、具体的にどのような行動につなげていくのかを書かせる。振り返り後はグループ（またはペア）で考えを述べ合う。その際、なぜそう考えたのか理由も伝え合うよう助言する。
　意見交流の様子やワークシートからそれぞれが納得解を紡ぐ様子を見取り、全体交流で発表し、変容を捉えていく。道徳的行為における友達との関わり方に着目しつつ、次時の授業へつなぐ。

低学年　中学年　高学年

◀ 課題探求型道徳科授業を目指す本時のポイント ▶

●役割演技を通じて教材と向き合う

　課題探求を進めていくにあたって、「自分だったらどう考えますか」の問いにより、自分の立ち位置を変え、役割演技を参観することにより実感を深めながら、教材と向き合う。役割演技では、一部の子供が演じている間、他の子供は観客となるため、教室の座席配置を工夫するとよい。教材どおりに演じる場合と、場面設定をして自分の言葉で自由に演ずる場合があるが、いずれも道徳的行為の体験を実感することを意識して設定する。

●他者の考えをもとに自分の考えを深める

　役割交換して演じる場合には、他の登場人物の気持ちを理解する助けとする。
　課題探求を深めていくにあたって、自分の感じたことをグループや全体で交流することで、他の感じ方を知り、共通解を導くヒントを得る。道徳的行為が求められる場面で「自分ならどうするか」と問い、相手との関係や他者の考えなどから多様な感じ方を受け止め、自分事として捉えていくことで納得解へと導いていく。

通知表記入文例

1学期　評価の観点と見取りの工夫

①自分との関わりで考える
自分ならどうするのかという視点で教材に向き合っているのかを見取る。

②物事を多面的・多角的に考える
グループ交流で自分の考えを述べたり、理由について友達の意見と比べて考えたりすることができているかを見取る。

③自己の生き方についての考えを深める
道徳的価値に対して学ぼうとする意欲が見られるかを授業の様子やワークシート、道徳ファイルから見取る。

①自分との関わりを考える

- 「『友だちと助け合って』の学習では、登場人物と自分を重ね、自分がけがをしたときにクラスの仲間が助けてくれたことがとてもうれしかったと話しました。これから友達に対して、気持ちに寄り添いながら自分から積極的に手助けをしたいと発表し、意欲の高まりを感じました。」
- 「『やくそくを守って』の学習では、ルールや約束があるのは、みんなが楽しく気持ちよく生活するために必要なことであると気付きました。自分のクラスにあるルールや約束についてもう一度振り返り、きまりを守って生活していきたいという思いをもつことができました。」

2学期　評価の観点と見取りの工夫

①自分との関わりで考える
自分なら何を選び、どう行動していくのかという視点で教材を捉えているかを見取る。

②物事を多面的・多角的に考える
グループ交流で自分の考えを述べたり、理由について友達の意見と比べて考えたりすることができているかを見取る。

③自己の生き方についての考えを深める
道徳的価値を学ぶうえで、成長しようとする意欲が見られているかを授業の様子やワークシート、道徳ファイルから見取る。

①自分との関わりを考える

- 「『気持ちをつたえ合って』の学習では、役割演技で声をかけ合う活動を通して、相手に理解を得るためには自分の言葉で気持ちを伝えることの大切さを実感しました。互いに気持ちを理解し合うために必要なことは何かを深く考え、自分の考えをもつことができました。
- 「『みんなのためにはたらく』の学習では、どんな気持ちで今自分の係に取り組んでいるのかを振り返りました。係の仕事がクラスのみんなの役に立っているかを直接意見を聞いて知ったことで、今まで以上に係活動をがんばっていきたいという意欲の高まりが感じられました。」

3学期　評価の観点と見取りの工夫

①自分との関わりで考える
1年を通して、教材から学んだことを自分の成長につなげて捉えているかを見取る。

②物事を多面的・多角的に考える
グループ交流で友達の考えに共感したり、自分との違いに気付いたりすることで様々な考え方に触れることができているかを見取る。

③自己の生き方についての考えを深める
道徳的価値に対しての学びを、どのように生かしていきたいかを表現し、自己の成長につなげているかを道徳ファイルから系統的に見取る。

①自分との関わりを考える

- 「『明るい心で』の学習では、自分がすなおにあやまることができなかった出来事を振り返っていました。登場人物の生き方にふれたことで、正直にあやまるには勇気が必要だが、相手のためだけでなく自分の心の成長にもつながるという考えをもちました。」
- 「『よいと思ったことは』の学習では、登場人物のように自分が正しいと信じたことを続けることができるのか真剣に考えていました。勇気を出して正しいことをすることの大切さに気付き、自分にできることからはじめていきたいという意欲がみられました。」

②物事を多面的・多角的に考える

- 「『分けへだてしないで』の学習では、自分が登場人物だったら、迷いながらも友達を誘ってあげたいと発表していました。自分が相手だったらこうしてほしいと考えることが大切だと意見を述べ、相手によって態度を変えることなく公平に接したいという思いをもちました。」
- 「『友だちっていいね』の学習では、日頃自分が友達に対してどんな思いで接しているのかと、登場人物が捉える二人の友達とを比べて考えていました。クラスの仲間の発表から、友達でいるために大切なことは何だろうと深く考える姿が見られました。」

③自己の生き方についての考えを深める

- 「『相手の意見も大切に』の学習では、クラスで起こったけんかのことを振り返りながら自分が主人公だったらどんな声かけをすればいいのか様々な考えを出していました。自分と違う意見にしっかり耳を傾けることが、自分も相手も大切にすることにつながると気付きました。」
- 「『正しいと思うことを』の学習では、自分が登場人物だったらどのように返事をしたかを考え、勇気を出して声をかけるという発表をしました。これからは自分が正しいと思ったことに自信をもって実行しようという考えをもちました。」

②物事を多面的・多角的に考える

- 「『きまりの意味』の学習では、学校や公園にあるきまりについて、誰にとってよいきまりなのかという視点で考えていました。一人一人がきまりを守って生活することが、みんなにとって安全で気持ちよく過ごすことにつながることに気付きました。」
- 「『相手につたわるれいぎ』の学習では、あいさつ名人になるために大切なことについて友達と考えを出し合いました。友達の意見から、心をこめたあいさつとは、相手の心や体のことまで思いやったあいさつという気付きを生かしていきたいという意欲がみられました。」

③自己の生き方についての考えを深める

- 「『やさしさって』の学習では、相手にとってもよいことが、必ずしも相手のためになっているわけでないと気付きました。役割演技では、相手の気持ちに共感しながらも、『あなたのためになることなんだよ』と伝えており、本当の優しさについて考えを深める姿が見られました。」
- 「『力を合わせてはたらく』の学習では、教材の話を自分に重ね、そうじ区域で毎日草取りをしていることを思い出し、自分たちの活動が他の人たちの役に立っていることに気付きました。自分にできることを、何か見付けていきたいという実践意欲の高まりがみられました。」

②物事を多面的・多角的に考える

- 「『自分を見つめて』の学習では、自分のすきなことやとくいなことを伸ばすことが未来につながっていくということを学びました。グループ学習では、苦手やがんばりたいことを励まし合ったことで、自分らしさを信じて失敗を乗り越えたいという考えをもちました。」
- 「『つたえたいありがとう』の学習では、グループ交流や全体発表で、家族の形には色々あることを知りました。これから家族の一員として、今の自分にできることは何だろうと真剣に考え、小さなことでもいいので家族が幸せに感じられることをしていきたいと発表していました。

③自己の生き方についての考えを深める

- 「『ゆめに向かって』の学習では、未来の自分を想像しながら、夢に向かってできることは何があるのかを考えていました。登場人物と自分を重ね、今は練習でつらいこともあるけど、自分の未来につなげるため、あきらめないでがんばっていきたいと意欲を高めていました。」
- 「登場人物の思いや行動について、自分の考えとの違いを捉えた上で理解しようと努めていました。特に『ありがとうの気持ちを大切にして生きる』という言葉に共感し、周りの人への感謝を言葉や態度にして伝えたいという強い思いが感じられました。」

低学年　中学年　高学年

大単元テーマ

かかわりの中で生きるわたし

③ 年生の発達の段階を踏まえる

3年生になると、親や教師などの大人の権威に従うばかりでなく、自分を中心に人との関わり、様々な集団との関わり、自然との関わりを通して、身の回りの具体的な生活場面で見られる道徳的価値の理解が深まってくる。

教材の登場人物の心情に共感させながら、また、具体的な自分たちの生活経験と関連させながら、子供が自分たちを取り巻く道徳的価値の意義や意味を考えることのできるユニット構成を心がけたい。

① 年を通じて養いたい資質・能力

1 道徳的価値の理解
具体的な道徳場面についての学びを通して、道徳的価値の大切さについての実感を深めるとともに、各時間で学ぶ道徳的価値が、自分たちの身の回りの人や物、社会、自然との関わりを気持ちのよいものにしてくれていることに対する理解を深めさせたい。

2 道徳的価値への思考力・判断力・表現力
子供の日常生活場面における道徳的な思考や判断を大切にする態度を基盤として、多面的・多角的な視点から道徳的価値について見直したり、吟味したりする力を高めていきたい。そのために思考や判断が一人よがりにならないよう、いろいろな立場に立って考える力を付けたい。

3 道徳的学びに向かう力
様々な道徳的な場面で、自分事として誠実に向き合う態度を育てたい。そのために自分自身の経験と照らし合わせて考えられる力を付ける。加えて、友達の考えを尊重し、自分の考えと比べながら聞くことで、道徳的な見方や考え方を広げたり、深めたりできるようにしたい。

実践編 第2章

学びの見取りツール

立場を明らかにするネームプレートの利用
子供の発言をネームプレートで板書に位置付ける。一人一人の立場を明確にするとともに、友達と関わった発言を促す。

納得解を紡ぐノート活用
全体の場での共通解をもとに、子供一人一人が自分なりに本時の学びを整理する。振り返りを書くことで納得解の形成を促す。

低学年　中学年　高学年

1年間を通じて子供の学習状況を把握するポイント

　話合いの際、子供の発言をネームプレートによって板書に位置付けることで、一人一人の立場を明確にする。発表の際には、友達の発言に関わって質問や賛成、反対意見を発表することを話合いのきまりとして指導する。友達と関わった発言を促すことによって、その子供が友達の意見をどのように受け止め、自分の考えを広げたり、深めたりできたかを見取る。また、年間を通して道徳ノートに学習の振り返りをまとめる。振り返りを書く際には、本時の学びを通しての共通解をもとに、本時で扱った道徳的価値に関わるこれまでの自分やこれからの自分についてまとめられるよう視点を示す。1時間の道徳科学習における学びの深まりだけでなく、関連する学習の振り返りから、大くくりなまとまりにおける変容も見取る。

073

カリキュラム・マネジメントを意識した年間計画

1学期
中単元テーマ：身近な関わり

4月 【1時間】
オリエンテーション

【小単元①】すてきなかかわり
- 第1時　友だちになろう　B(9)　「友だち屋」
- 第2時　心をこめて　B(8)　「電話のおじぎ」
- 第3時　しょうじきな心　A(2)　「千ばづる」

5月 【1時間】
自分にできること　C(14)　「清作のお手伝い」

【小単元②】社会との関わり
- 第1時　きまりを生むもの　C(11)　「心の優先席」
- 第2時　すすんではたらく　C(13)

【小単元③】いろいろなやさしさ
- 第1時　なかまの気持ち　B(9)　「ドンマイ！　ドンマイ！」

9月
【小単元⑤】成長するわたし
- 第1時　特徴を特長に　A(4)　「世界一うつくしい体そうをめざして」
- 第2時　自分をステップアップ　A(5)　「ぼくらは小さなかにはかせ」

【小単元⑥】みんな友だち　本事例
- 第1時　本当の友だち　B(9)　「ないた赤おに」
- 第2時　広い心で　B(10)　「わたしだって」

10月
- 第3時　どうすることが正しいか　A(1)　「思い切って言ったらどうなるの？」

【小単元⑦】ふるさととかかわる
- 第1時　生きる力　D(18)　「うみねこたんぽぽ」
- 第2時　きょうどをあいする心　C(16)　「ぼくは　太郎山」
- 第3時　学校をまもる人　C(15)　「いちょうの木をまもるために」

3学期
中単元テーマ：深まる関わり

1月 【1時間】
じょうほうの正しさ　A(1)　「うわさ話・つらい気持ち」

【1時間】
おばあちゃんってすごい　B(7)　「おばあちゃんのおせち」

2月
【小単元⑩】助け合って
- 第1時　みんなで力を合わせて　C(15)　「四人五きゃく」
- 第2時　クラスのまとまりパワー　B(9)　「きょうりょくクラス」
- 第3時　友だちのすばらしさ　B(9)　「赤い灯ゆれろ」

【小単元⑪】だれとでもなかよく
- 第1時　やくそくをまもる　C(11)　「やくそくだもん」

実践編 第2章

（使用教科書：光文書院「小学どうとく　ゆたかな心　3年」）

6月
- 第2時　親切とおせっかい　B(6)
「わたしのしたこと」

【小単元④】
身近にある生命
- 第1時　しょくぶつのふしぎ　D(19)
「目をさますたね」
- 第2時　いのちのつながり　D(18)
「いのちのまつり」
- 第3時　元気のもと　D(18)
「いただきます」

7月
【1時間】
ふるさとを大切に　C(16)
「キツネおどり」

↓

【1時間】
いつもきちんと　A(3)
「太郎のいどう教室」

2学期

中単元テーマ
広がる関わり

11月
【小単元⑧】
いろいろなきまり
- 第1時　きまりは何のため　C(11)
「こまるのはだれ？これでいいのかな？」
- 第2時　きまりをまもるよさ　C(11)
「がっきゅうルールブック」

【1時間】
心のうつくしさ　D(20)
「花さき山」

↓

【小単元⑨】
自分たちをささえてくれる人
- 第1時　支えてくれる人への感しゃ　B(7)
「ぼく知らなかったよ」

12月
- 第2時　かぞくへの思いやり　C(14)
「お母さん、かぜでねこむ　―ちびまる子ちゃん―」

【1時間】
生きたれいぎ　B(8)
「生きたれいぎ」

低学年 / 中学年 / 高学年

3月
- 第2時　だれとでもなかよくするために　C(12)
「お日さまの心で」

↓

【1時間】
ほかの国のことを考える　C(17)
「海をわたるランドセル」

作成のポイント

小単元として組み合わせる教材は、テーマや道徳的価値などが関連するものを選定するが、子供の道徳的価値について多面的・多角的な見方が促されるよう、各時間の学びを参照しながら学習が展開されるよう配慮する。
また、特にC(16)伝統と文化の尊重、国や郷土を愛する態度の教材については、子供にとってより身近な地域教材の活用も検討したい。

ユニットを構成しよう！

[小単元テーマ]
みんな友だち

ねらい
様々な友達との関わりのあり様を通して、多面的・多角的な視点から友情について吟味し、よりよい友達との関わりに対する見方を広げられるようにする。

第1時では、教材「ないた赤おに」を通して、大切な友達とはどのようなものかを子供たち一人一人が具体的に考える機会とする。

第2時では、友達との関わりの中で、相手の失敗に寛容であることが、人間関係を気持ちのよいものにしていることに気付かせ、自分もまた友達に対してそうありたいという気持ちをもてるようにする。

第3時では、第1時でのお互いに思いやることのよさ、第2時での広い心で関わることのよさの学びを受けて、友達との関わりの中で「正しいことをする」ことについて考えを深められるようにする。「正しいこと」が周りの様々な立場への気遣いによって、友達との関わりを豊かなものにすることに気付かせたい。

各時間を関連付けながら、友達についての考えを広げ、深めていく。

友達としてお互いのことを思いやることについての気付きをもとに、寛容や正義といった道徳的価値と関連付けることによって、子供一人一人の友情に対する見方や考え方を広げたい。

第1時 大切な友達とはどんな人だろう

主題名
「本当の友だち」B(9)

内容項目：友情、信頼
提示教材：「ないた赤おに」

授業展開のポイント

赤おにと青おにのどんなところが友達かを話し合わせ、お互いに相手のことを思い、何かしてあげたいと考えられる友達のよさについて気付くことができるようにする。

赤おににとって、村人と青おにのどちらが大切な友達かを話し合わせ、子供たち一人一人が自分にとって大切な友達の姿を具体的に考える機会とする。

学びの見取りポイント

多面的・多角的に考えることについて、読み物資料の登場人物の姿を通しての友達のよさや大切な友達像の話合いにおいて、赤おにだけでなく、青おにや村人の立場に立って考えているかを発言から見取る。

自分との関わりで考えることについて、自分にとって大切な友達とはどのようなものか、また、自分がどのような友達でありたいかについての考えの深まりを、道徳ノートの記述から見取る。

実践編 第2章

第2時 気持ちのよい関わりのために大切なこと

主題名
「広い心で」B ⑩

内容項目：相互理解、寛容
提示教材：「わたしだって」

授業展開のポイント

「けい子」と「お姉さん」のちがいを考えさせることで、失敗に寛容な態度について具体的に捉えることができるようにする。

「お姉さん」のような寛容な態度のよさについて話し合わせ、友達の失敗に対して寛容であることが、相手の気持ちをさわやかにし、人の関わりを気持ちのよいものにしていることに気付くことができるようにする。

学びの見取りポイント

多面的・多角的に考えることについて、寛容な態度のよさを、できごとの当事者それぞれの立場に立って考えているかを話合いでの発言から見取る。

「お姉さん」の寛容な態度のよさについて、発言された意見にネームプレートを貼って立場を視覚化し、子供たち一人一人の寛容な態度のよさに対する考えを見取る。

第3時 友達にとって正しいことは何だろう 本時

主題名
「どうすることが正しいか」A ⑴

内容項目：善悪の判断、自律、自由と責任
提示教材：「思い切って言ったらどうなるの？」

授業展開のポイント

仲間はずれをもちかけられた「わたし」の迷う気持ちについて話し合わせ、正しいことをしたい気持ちの一方で、できない弱い気持ちがあることに共感できるようにする。

「わたし」にとっての正しい行動とその理由を話し合わせ、「正しいことをすること」が自分だけでなく、友達のためにもなっていることに気付くことができるようにする。

学びの見取りポイント

多面的・多角的に考えることについて、第1時でのお互いに思いやることのよさや第2時の広い心で関わることのよさの学びを想起し、複数の道徳的価値との関連から「正しいこと」と友達との関わりについて考えているかを話合いでの発言から見取る。

自分との関わりで考えることについて、自分の経験と重ね合わせながら、「正しいことをすること」について考えを深めているかを道徳ノートの記述から見取る。

低学年 | 中学年 | 高学年

第3時の授業展開

展開① 学習テーマの共有

学習テーマを共有する

「正しいことをすること」に対する関心を高める

　本学級の子供の実態として、正しいとわかっていても、周りの友達に流されたり、友達との関係を気にしたりして、それをすることができないという子供たちの姿をしばしば目にする。「正しいこと」が気持ちのよい人間関係を作り上げるために大切であることに気付かせたい。

　導入では、「正しいこと」ができないときがどんなときかを問い、日常生活の中で自分たちが人間関係によって「正しいことをすること」が容易ではないことに気付かせる。同時に、本時の学習テーマである「正しいことをすること」についての関心を高める。

展開② 学習課題

全体で話し合う

葛藤する「わたし」の気持ちを想像しながら話し合う

　教材「思い切って言ったらどうなるの？」を提示した後、「仲間外れ」をもちかけられた「わたし」が迷う理由について話し合わせる。「あやちゃんに言わなくては」という立場と「このままだまっていたほうがいい」という立場の二人の「わたし」を手引きとして、葛藤する「わたし」の心情を想像させることで、自分の経験と照らし合わせながら共感し、自分事として捉えられるようにする。

　また、「もしこのままだまっていたらどんな気持ちになるかな」と問うことで、「正しいこと」ができないときの後ろめたさに気付くことができるようにする。

板書例

葛藤する「わたし」の挿絵を中心に子供の発言を構造化し、「正しいことをすること」という学習テーマに沿って、様々な考えを吟味できるようにする。

実践編 第2章

展開③ 共通解の共有
友達の意見についてペアで交流する

友達との関わりの中での「正しいこと」について交流する

　仲間外れの対象となった「さとみさん」に声をかけられた場面で、「わたし」はどうすることが「正しいこと」かを話し合わせることで、友達との関わりの中で「正しいこと」をしようとする意欲を高められるようにする。
　さらに、「『さとみさん』だったら、どうしてほしいのかな」と問い返すことで、「正しいこと」をするためには、自分の立場で考える、きまりを守っていることや公平であることだけが大切なのではなく、そこに関わる当事者の立場に立って考えることが、より大切であり、友達との関わりを温かいものにすることに気付くことができるようにする。

展開④ 納得解の紡ぎ
本時の学びをもとに、自分の考えをまとめる

「正しいこと」についての自分の考えをノートに整理する

　「正しいこと」をするためには、自分の立場としてきまりを守っていることや公平であることだけでなく、いろいろな立場に立って考えることが大切だという共通解をもとに、「正しいこと」をするためにこれから心がけたいことは何かについて、道徳ノートに振り返りを書かせる。本時での共通解を、これまでの自分とこれからの自分に引きつけて、考えをまとめさせることで、一人一人の子供が納得解をもてるようにする。
　第1時、第2時での学びを想起させ、友達との関わりについて、多角的・多面的な視点から振り返ることができるようにする。

課題探求型道徳科授業を目指す本時のポイント

●道徳的価値との関わりを考える

　主人公「ともこ」がとるべき行動についての話し合いの際、「正しいことを行えたとき」「正しいことを行えなかったとき」の子供の経験を想起させ、それを聞き合わせることを通して主人公「ともこ」と自分を重ね合わせ、正しいことを行えたときのすがすがしさ、正しいことを行えなかったときの後ろめたさについて自分に引きつけて考えられるようにしたい。

●道徳的価値について多面的・多角的に考える

　「正しいこと」とは一般に公正や公平との関わりが強いが、特に人間関係においては、不平等な扱いを受ける自分や他者への気遣いに動機付けられる。そこで、主人公「ともこ」がとるべき行動についての話合いの際には、「『さとみさん』だったらどうしてほしいのかな」といった視点を変える補助発問を通して、「正しいこと」が他者への思いやりを伴うことで、血の通った温かいものになることに気付かせたい。

通知表記入文例

1学期　評価の観点と見取りの工夫

①自分との関わりで考える
学習テーマについて、自分の経験を想起する姿を見取る、自分とくらべて同じところやちがうところを考えながら話し合う姿を見取る。

②物事を多面的・多角的に考える
教材に登場する様々な人物の気持ちを想像したり、友達の考えと比べたりして考えている姿を見取る。

③自己の生き方についての考えを深める
導入と終末での考えの変化や学びの深まりを道徳ノートから見取る。

①自分との関わりを考える

- 「気持ちのよい関わりについて考えるときに、これまでの自分の経験から、どんな関わりが自分にとって気持ちのよいものだったかを思い出しながら、友だちに自分の考えを発表していました。」
- 「身近にある生命について考える学習で、自分が植物を栽培して育てた経験を思い出しながら、生命の成長を大切に思う気持ちを友だちに発表しました。」
- 「親切とおせっかいの違いについて、身近な生活の中で自分がされてうれしかったこと、自分がされていやだったことを思い出しながら、どのようなことが違うかを考えていました。」

2学期　評価の観点と見取りの工夫

①自分との関わりで考える
自分や友達などの身近なできごとを想起しながら、教材の道徳的場面について話し合う姿を見取る。

②物事を多面的・多角的に考える
教材に登場する様々な人物の立場に立って考えたり、これまで学んだ道徳的価値と関連付けながら考えたりしている姿を見取る。

③自己の生き方についての考えを深める
自分事として本時の学びをどのように受け止めたかを道徳ノートから見取る。

①自分との関わりを考える

- 「教材の登場人物の行いの正しさを考える際に、自分の身近な経験とそのときの気持ちを思い出してそのよさについて考えていました。」
- 「自分が今がんばっていることと教材の登場人物の行いをくらべながら、自分が成長するために大切だと考えることを発表していました。」
- 「これまでの自分の経験を思い出しながら、友達と関わる登場人物の心情を想像し、友達の大切さについての考えを発表していました。」
- 「自分の家族や身近な人のことを思い出しながら、教材の登場人物を支える人の大切さについて考え、登場人物の心情に共感していました。」

3学期　評価の観点と見取りの工夫

①自分との関わりで考える
1学期と比べて身近な出来事を想起しながら教材の道徳的場面について話し合う姿を見取る。

②物事を多面的・多角的に考える
1学期と比べて、様々な人物の立場に立って考えたり、これまで学んだ道徳的価値と関連付けながら考えたりしている姿を見取る。

③自己の生き方についての考えを深める
1学期と比べて、これまでの自分、これからの自分と引きつけながら本時の学びをどのように受け止めたかを道徳ノートから見取る。

①自分との関わりを考える

- 「教材の登場人物の行いの正しさを考える際に、自分の立場に置き換えたり、身近な生活事例にたとえたりして、自分に引き付けて考えるようになりました。」
- 「行いのよさを考えるときには、言いつけやきまりに従うことだけを大切にするのではなく、自分だったらという視点からそのよさについて考えています。」
- 「登場人物の心情を想像するときには、自分の成功経験ばかりではなく失敗経験も思い出して、人間の強さだけではなく弱さについても素直に共感しながら考えていました。」

実践編 第2章

②物事を多面的・多角的に考える

- 「教材の登場人物の行いのよさを考えるときに、主人公だけでなく、他の登場人物の気持ちも想像しながら、そのよさについて考えていました。」
- 「道徳的な場面での話合いでは、違う意見をもつ友達の思いに共感しながらも、自分が道徳的に正しいと考える意見を発表しました。」
- 「違う意見をもつ友達の意見を聞いて、身近にあるきまりの意義についての理解を深め、きまりのよさについての自分の考えを発表していました。」
- 「友達との関わりを考える学習では、相手が喜ぶことばかりでなく、それが相手のためになるかという見方から関わり方を考えていました。」

③自己の生き方についての考えを深める

- 「気持ちのよい関わりには相手への思いやりが大切であることに気付き、相手のことを考えて人と関わっていこうという気持ちを高めていました。」
- 「善意からの行動が時におせっかいになることについての気付きを通して、これまでの自分の行動が親切だったか、それともおせっかいだったかを振り返っていました。」
- 「失敗を責められたときと励まされたときの違いを考えることで、励ますことの大切さに気付き、自分もまたこれからは友達を励ましていきたいという思いを道徳ノートにまとめていました。」

②物事を多面的・多角的に考える

- 「道徳的な場面における教材の登場人物の行いのよさを考えるときは、主人公ばかりでなく他の登場人物の立場に立ったり、心情を想像したりして、道徳的な正しさについて考えていました。」
- 「友達との関わりには、思いやりばかりでなく、寛容であることや、公平であることが大切であることに気付き、友情についての考えを深めていました。」
- 「自然との関わりを考える学習を通して、生命の大切さに気付くとともに、それを取り巻く人々の努力についても思いをめぐらしていました。」
- 「様々な立場に立って、きまりのよさを吟味し、そのあり方についての考えを発表しました。」

③自己の生き方についての考えを深める

- 「好きなことや得意なことを高める努力をすることのよさについての理解をもとに、自分が今夢中になっていることやがんばっていることをみがいていきたいという思いを道徳ノートにまとめていました。」
- 「自然に勇気付けられる人の心情や、自然を守り育てている人の心情を想像することを通して、自分もまた積極的に自然と関わっていきたいという気持ちを高めていました。」
- 「地域の人や家族など、自分を支えてくれる人についての気付きから、自分も兄弟や家族など、周りの身近な人を支えていきたいという気持ちを深めていました。」

②物事を多面的・多角的に考える

- 「教材の登場人物の行いを通して、正しい行いはどうあるべきかを考えるときには、いつも一人よがりにならないよういろいろな立場に立って考えています。」
- 「これまで学習した友達を励ましたり、助けたりすることのよさの理解をもとに、友達と力を合わせることの大切さについて発表していました。」
- 「やくそくの大切さについて、相手の気持ちや期待、自分の責任のことなどを考えながら、努力をしてやくそくを守った登場人物の行いのよさについて発表していました。」

③自己の生き方についての考えを深める

- 「家族が自分を支えてくれていることやみんなのことを考えて接してくれていることについての学びをもとに、自分が家族のためにどんなことができるかを道徳ノートに考えを書いていました。」
- 「自分たちの学校や地域の行事を守り続けている人々について学びを通してこれまでの自分を振り返り、今までよりもっと地域の役に立ちたいという思いを道徳ノートにまとめていました。」
- 「力を合わせたり、励まし合ったりする教材の登場人物たちの姿から、自分たちの学級について見つめなおし、これから学級のみんなで目指したい学級の姿を道徳ノートに書いていました。」

低学年 / 中学年 / 高学年

3年生 大単元テーマ

どんな命も大切だから

③ 年生の発達の段階を踏まえる

　3年生になると子供は活動範囲が広がり、仲間との関係を気にするようになる。自分のことを客観的に見ることもできるようになってくるが、発達の個人差も大きくなることから（9歳の壁）、自己に対する肯定的な意識をもてず、劣等感をもちやすい時期でもある。自己の生き方を見つめて語るときに、他の子供との考えの違いを肯定的に受け止め、自分の考えを素直に語り合えるような授業展開にしたい。

① 年を通じて養いたい資質・能力

1 道徳的価値の理解
中学年では、相手の立場に立って考える、相手を理解するという視点が大事にされるようになる。自分以外の人の立場に立って考えることを経て、道徳的価値の意味を深く理解していけるようにしたい。

2 道徳的価値への思考力・判断力・表現力
多様に出された考えの共通点や相違点を出し合いながら、納得できる考えを見付けていく力、友達の考えを補足してより詳しく説明したり、他の場合がないか推測したりする探求力を養いたい。

3 道徳的学びに向かう力
これまでの自分はどうだったか、客観的に自分を振り返って正直に自己を見つめる力を養いたい。そのとき、他者との比較ではなく、自分の目指すなりたい自分の姿から自己評価し、今の自分に必要な考えは何かを見付けていける力を養いたい。

実践編 第2章

学びの見取りツール

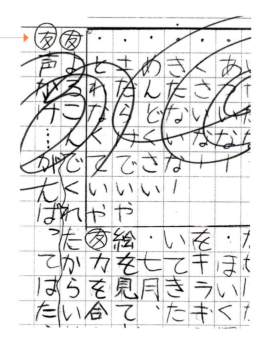

青色ボールペン
授業の中で、納得した友達の考えを青色ボールペンで書き込むようにしておくと、友達との対話から考えが深まっている様子がわかる。

なりたい自分を書く
学期のはじめに今後なりたい自分の姿をできるだけ具体的に書いておくようにし、見通しをもって自己の生き方を考えられるようにしておく。

低学年 / 中学年 / 高学年

1年間を通じて子供の学習状況を把握するポイント

　最初の授業で、この1年間でなりたい自分を考え、ノートに書いておくようにする。それを学期ごとに振り返り、今の自分を見つめ、なりたい自分像を見直していくようにする。見直しの際に子供が参考にするのが、それまでの道徳の授業のノートである。自分のノートをもとに自分の変容を振り返る経験を積むと、自分がこれまでの学習でどんな考えをもち、どんな考えに心が動き、どんな考えを新たに見付けていったのかがわかるようなノートに徐々になっていく。子供の自己評価を取り入れて、学習状況や道徳性に係る成長の様子を評価していけるようにする。ノートの記述だけでなく、授業での話合いもよく聞いておき、友達の考えを理解しようとしている様子やみんなの考えをまとめようとしている様子も見付けておきたい。

カリキュラム・マネジメントを意識した年間計画

1学期

中単元テーマ：みつめよう 自分・仲間

❹月
- 【1時間】オリエンテーション
- 【1時間】クラスのために C(16)「よろしくギフト」
- 【小単元①】自分をみつめて
  - 第1時 ほどよいかげんで A(3)「やめられない」
  - 第2時 明るい心で A(2)「ぬれてしまった本－エイブラハム＝リンカーン」

❺月
- 【小単元②】友達との仲を深める自分
  - 第1時 正しいと思うことを A(1)「たった一言」
  - 第2時 友達っていいね B(10)「友だち屋」
- 【1時間】つながる命 D(19)「ヌチヌグスージー命の祭り」

9月
- 【1時間】良いと思ったことは A(1)「よわむし太郎」
- 【1時間】考えを伝え合う大切さ B(11)「水やり係」
- 【小単元⑤】相手の立場に立って
  - 第1時 公平な態度で C(13)「なおとからのしつもん」
  - 第2時 やさしさって？ B(7)「持ってあげる？食べてあげる？」

10月
- 【1時間】みんな生きている D(19)「生きているなかま」
- 【1時間】よく考えて A(3)「黄金の魚」
- 【小単元⑥】違いを大切にする学級へ
  - 第1時 それぞれのよさ A(4)「三年元気組」
  - 第2時 助け合う仲間 B(10)「目の前は青空」

3学期

中単元テーマ：みんながいるからこそ

❶月
- 【1時間】すなおに謝る心 A(2)「よごれた絵」
- 【小単元⑨】いろいろな人と幸せに
  - 第1時 家族みんなで C(15)「百六さい、おめでとう、ひいばあちゃん」
  - 第2時 思いやりあふれる町へ B(7)「みんながくらしやすい町」

❷月
- 【1時間】美しい自然 D(21)「まわりを見つめて」
- 【1時間】伝えたいありがとう B(8)「ありがとうの気持ちをこめて」
- 【小単元⑩】仲間と楽しく
  - 第1時 分けへだてしないで C(13)「道夫とぼく」
  - 第2時 約束を守って C(12)「かるた遊び」

実践編 第2章

（使用教科書：光村図書「道徳3　きみがいちばんひかるとき」）

6月　【1時間】
自分をみつめて　A(4)
「わたしらしさ」をのばすために

【小単元③】
支えられ支える自分
第1時　周りの人への感謝　B(8)
「とくジーのおまじない」
第2時　みんなと力を合わせて働く　C(14)
「マリーゴールド」

【1時間】
決まりって何のため？　C(12)
「きまりのない国」

7月　【小単元④】本事例
どんな命も大切だから
第1時　かけがえのない命　D(19)
「大切なものは何ですか」
第2時　身近な生き物の命　D(20)
「ヤゴ救出大作戦」

【1時間】
1学期の学びの振り返り

2学期

中単元テーマ
違うってすてき

11月　【1時間】
相手の意見も大切に　B(11)
「日曜日の公園で」

【小単元⑦】
みんなのために
第1時　みんなのために働く　C(14)
「係の仕事に取り組むときに」
第2時　学校のためにできること　C(16)
「学校のぶどう」

【1時間】
相手に伝わる礼儀の心　B(9)
「あいさつ名人」

12月　【小単元⑧】
いろいろな国いろいろな文化
第1時　昔から伝わる物　C(17)
「ふろしき」
第2時　ふれよう！他国の文化　C(18)
「マサラップ」

【1時間】
2学期の学びの振り返り

低学年　中学年　高学年

3月　【1時間】
大事な家族　B(8)
「漢字に思いをこめて」

【1時間】
夢をみつけよう　A(5)
「スーパーパティシエ物語」

【1時間】
1年間の学びの振り返り

作成のポイント

各学期の中単元テーマを考慮して、小単元（ユニット）を作る。小単元は、教材の内容や学習テーマでつながる教材を複数組み合わせて構成する。3年生には、2つの教材を組み合わせた小単元が適当である。3つ以上を組み合わせると、子供の意識が持続しにくい。
中学年になって仲間との関わりに興味をもちはじめるので、人と自分の違いを認めることが意識できるテーマを心がけたい。

ユニットを構成しよう！

[小単元テーマ] どんな命も大切だから

ねらい

理科で植物を育てたりモンシロチョウを育てたりした学習経験を想起しながら、他の生き物の命への自分の関わり方を見つめ、植物、動物の別にかかわらずどんな生き物の命も人間と同じように生きている仲間として大事にしていこうとする心情を育てる。

他教科の学習との関連を図ったユニットである。子供自身がユニットのテーマを意識しながら学習に取り組みやすいように、日常生活や他教科等の学習との関連を考えてユニットを組んでいきたい。

このユニットは、「昆虫」を取り上げているというところで共通点がある。

理科でチョウを育てた経験の中で感じた生き物の命をいつくしむ気持ちを、道徳科の授業で語ることができるようにしたい。そのためには、理科の授業を行うときにも生命を尊重する視点での道徳教育を意識し、子供がチョウそのものや、えさやすみかとなる植物の命の尊さを大事にしている姿を認めていく関わりが必要である。

理科における道徳教育を受けて、道徳科の授業では、かけがえのない命をもっているのは、人間だけではないということを、子供同士で語り合っていけるようにしたい。その語り合いを通して、どんな生き物の命も同じように尊いものであることに気付かせたい。

理科 チョウを育てよう

単元における道徳教育の視点

キャベツの葉に留まったモンシロチョウの活動に興味をもち、モンシロチョウの卵を採集して育てることを通して、モンシロチョウの命を大事に思う心情を育てる。卵、幼虫、蛹、成虫への成長の変化を捉えることを通して、生命の不思議さやすばらしさ、大切さを感じられるようにする。

道徳教育上の教師の関わりのポイント

授業や、普段の生活でのモンシロチョウの世話の場を通して、子供に次のような姿が見られたときに、共感したり全体へ取り上げたりして、子供の意識が生命の不思議さやすばらしさ、大切さへと向くようにする。

○卵を守ろうとする姿
○新鮮なえさに取り換える姿
○毎日の変化を細かく観察する姿
○孵らなかった卵に落胆する姿
○羽化に感動する姿

学びの見取りポイント

各時間の最後に「すごいな」「不思議だな」と思ったことを振り返って発表する場を設け、観察を通して生命の尊重の大切さを感じた思いを見取る。

単元の最後に、これまでの学びを振り返るときに、「モンシロチョウの世話を通して感じたこと」という視点でも振り返るようにし、生命の大切さを感じた思いを共有しているかを見取る。

実践編 第2章

第1時 何よりも大切なものって？ 【本時】

主題名　「かけがえのない命」　D⑲
内容項目：生命の尊さ
提示教材：「大切なものは何ですか」

授業展開のポイント

導入で大切なものは何かという話題を出し、自分にとって大切なものを思い浮かべることができるようにする。教材のアゲハチョウの思いを話し合い、命はたった一つのかけがえのないもので、守っていくことが大切であると気付かせたい。話合いの中で、理科でチョウを育てたときに感じた命の大切さについても語ることができるようにする。

学びの見取りポイント

自分との関わりで考えることについて、教材の中でアゲハチョウが何よりも大切だと伝えたかったものについて、自分の経験を基に理由付けながら友達と語り合うことができているかを見取る。

自己の生き方についての考えを深めていくことについて、自分にとって何よりも大切なものは何なのか、導入と終末で自分の考えを道徳ノートに書くようにすることで、友達との話合いを通して変化した考えを見取る。

第2時 身近な生き物の命をたいせつにするためには？

主題名　「身近な生き物の命」　D⑳
内容項目：自然愛護
提示教材：「ヤゴ救出大作戦」

授業展開のポイント

導入で普段から身近な生き物の命を大切にできているかを問う。教材の中の小学生がプールのヤゴを救い出そうとした理由を話し合う中で、「ペットでもないヤゴをどうして助けるのか」と問いかけることで、どんな生き物の命も人間と同じように大切にするべきだという考えをもつことができるようにする。最後に、単元全体の学習を振り返る。

学びの見取りポイント

多面的・多角的に考えることについて、ヤゴを助けたほうがよい理由をグループの友達と話し合ったり、自分で考えて道徳ノートに書いたりして、複数の視点から考えていることを見取る。

自己の生き方についての考えを深めていくことについて、どう考えれば身近な生き物の命をもっと大切にできるのか自分の考えの変化を道徳ノートに記述したものから見取る。

低学年　中学年　高学年

第1時の授業展開

展開①学習テーマの共有

何よりも大切なものについて考える

ノートに自分の考えを書く

　自分にとって何よりも大切なものは何かを問う。理科の学習を通じて考えた生命の大切さが心に残っている子供が多いので、「命」という答えが大半であるが、「家族」「友達」と答える子供もいる。それぞれが何より大切だと考える理由をノートに書くようにする。

　自分にとって何より大切だと思うものを、全体で語り合い、人によって大切なものは違うことに気付くようにする。そのうえで教材「大切なものはなんですか」を提示し、「何より大切なものとは何だろうか」と問いかける。

展開②学習課題

自分の考えを自由に語り合う

自由に考えを交流する

　「何より大切なものとは命なのか」「家族よりも命が大切なのか」という問いをもって、子供は、教材のアゲハチョウが言った「もっと大切なものとは何か」について友達と話し合う。

　交流は自由に行い、自分と同じ考えの友達と話し合ってもいいし、自分と異なる考えの友達に質問してもよいとしておくことで、自分の興味や疑問に応じてお互いの考えを交流できるようにする。交流で納得したこと、疑問に思ったことは、次の全体交流の場で紹介することにしておく。

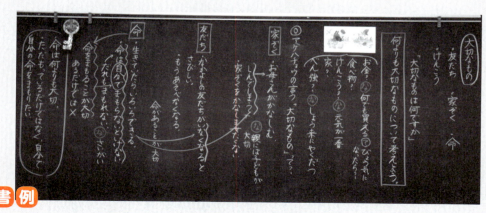

板書例

大切なものと考えている理由を比べられるように並べて板書する。

実践編 第2章

展開③ 共通解の共有

全体で話し合う

理由を大切にして話し合う

　全体の話合いでは、アゲハチョウの言う大切なものについて、各自が思う理由を出し合うことを重視する。「家族」「友達」が大切だという理由を詳しく聞いていると、結局「家族」や「友達」も「命」がないと出会えないし、仲よくもできないということに子供が気付いていく。
　子供によっては、「命」だけでなく「命を守ること」が大事なのだとさらに考えを深めていくこともできる。考えの理由を大事にして議論することで、「命が大切」もしくは「命を守ることが大切」という共通解を見付けていく。

展開④ 納得解の紡ぎ

本時で学んだことをノートにまとめる

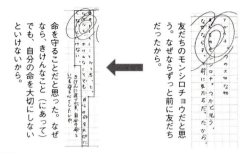

子供ノート

　みんなとの話合いを通して「何よりも大切なこと」についての自分の考えがどうなったか振り返る。
　導入で「友達」が何より大切だと言っていた子供は、「命を守ること」が大切だという考えに変化した。導入の自分の考えと比べると、友達と話し合うことで自分の考えが深まっていったことが自覚できる。
　この授業で、かけがえのない命を再認識できたことで、「やっぱり命って何よりも大切なのだ」という意識をもって、次の道徳の授業に向かえるようになる。

低学年 中学年 高学年

◀ 課題探求型道徳科授業を目指す本時のポイント

●子供の意識を高める教師の役割

　理科の授業でモンシロチョウを育てているので、子供は昆虫の命についてより身近に感じることができる。
　理科の授業においても、チョウの命を感じながら世話ができるように、場の設定や声かけを行ってきたことが、本時で昆虫の命も人間の命と同じように考えていくことにつながった。教師が単元全体を考えて子供に関わり続けていくことが非常に大事である。

●話し合うことを明確にする

　「アゲハチョウの言いたかった『何よりも大切なもの』とは何なのか」という問いは、3年生の子供にも互いの考えの違いを明確に把握でき、議論となりやすい。
　もし、全員が同じ「命」だと考えたとしても、その理由を話し合わせることができる。考えの違いが明確になる問いを立てていくと、中学年の子供でも自分たちで自由に交流しながら話し合うことができる。

通知表記入文例

1学期 評価の観点と見取りの工夫

①自分との関わりで考える
教材の登場人物の気持ちを自分の体験を例に出しながら説明し、共感的に自分を重ねて考えている姿を見取る。

②物事を多面的・多角的に考える
友達と積極的に考えを交わし合っている姿を見取る。

③自己の生き方についての考えを深める
自分の思いを素直に出して振り返ったり学びをまとめたりしている姿を見取る。

①自分との関わりを考える

- 「教材の登場人物の心配する気持ちを、自分の友達とのけんかを思い出しながら共感して語っていました。」
- 「友達が語った体験から、自分にも同じような体験があると気付いたときは、『私も同じようなことがあって〜』と自分の経験を重ねて深く考えていくことができていました。」
- 「教材の登場人物の気持ちを考えてみても、よくわからないときは、素直に『どうしてそんなことができたのかわからない』と話し、自分が理解できるか自分に向き合うことができています。」

2学期 評価の観点と見取りの工夫

①自分との関わりで考える
自己の生き方と教材の登場人物の生き方を比較しながら考えている姿を見取る。

②物事を多面的・多角的に考える
友達の考えを聞いて納得したり質問したりして考えを深めている姿を見取る。

③自己の生き方についての考えを深める
導入と終末での考えの変化や学びの深まりを道徳ノートから見取る。

①自分との関わりを考える

- 「『私なら困ってしまうと思うから、主人公も困ったんだと思う』というように、自分と登場人物を比較して、共感できる思いを話すことができています。」
- 「いつも『ああ』『そうそう』と小さな声で共感しながら教材の範読を聞いています。自分ならどう感じるかという視点をもって、主人公の生き方を見ることができています。」
- 「登場人物の思いを自分ならどういうことだろうかという視点で考えることができていて、ときには『幼稚園の頃にあったことなんだけど〜』とずいぶん前のことまで思い出して、登場人物の思いを説明することができています。」

3学期 評価の観点と見取りの工夫

①自分との関わりで考える
1学期と比べて自分事として考えられるようになったことを見取る。

②物事を多面的・多角的に考える
1学期と比べ異なる考えを認めたり、新たな考えとして取り入れたりする姿を見取る。

③自己の生き方についての考えを深める
1学期と比べて、より具体的に自己の生き方の振り返ったり展望をもったりしている姿を見取る。

①自分との関わりを考える

- 「1学期よりも、教材の登場人物に近い自分の考えや行動をすぐ思い出し、共感的に理解していくことができるようになってきました。」
- 「全体での発言は多くはありませんが、友達の語る体験談に共感して頷きながら聞くことが多くなりました。自分にも似ていることがあったのかなと聞くと、続けて自分の体験を話すこともできました。」
- 「自分の体験をもとに登場人物の思いを語るとき、『みんなにもこういうことあるんじゃないかな』と自分以外の人も経験していそうなことを例に出してわかりやすく話せています」

実践編 第2章

低学年

②物事を多面的・多角的に考える

- 「インタビュータイムのとき、たくさんの友達に自分から声をかけて考えを交流し、自分の考えを深めています。」
- 「友達の考えを聞いたときは、『同じだね』『なるほど、それもあるね』と自分の考えと比較して気付いたことを返していくことができています。」
- 「全体での話合いでは、友達の考えを熱心に聞いていて、納得した考えは進んでノートに書き留めて自分の考えを深めることに役立てています。」
- 「いろいろな友達に考えを聞くことが好きで、インタビュータイムの時は、自分と異なる考えの人と自然と議論がはじまったりしています。」

③自己の生き方についての考えを深める

- 「授業のはじめに、今の自己の生き方について素直に振り返ることができています。よいこともよくないことも正直に振り返ることができ、自分の生き方への課題をはっきりともって学習に取り組むことができています。」
- 「授業のめあてを決めるときに、自分たちにできていないことを考えて自分たちに合っためあてを友達と相談して全体へ提案することができています。」
- 「授業を通してこれまで自分に足りなかった考えにも気付いて、こんなことをしてみたいと道徳的実践に向かって意欲を高めた様子を道徳ノートに記述していました。」

中学年

②物事を多面的・多角的に考える

- 「友達の発表を熱心に聞いて、納得したことをたくさんノートに書いています。自分の考えが広がったことに満足して『こんなにいっぱい書いたよ』とノートを見せてくれました。」
- 「隣の席の友達とペアトークをして、同じ考えだった場合、進んで発表しています。友達と話すことで発表の勇気をもらえているようです。」
- 「よくわからないと思ったことがあったら、みんなに質問することができています。みんなにとっても新たな視点から考えることができ、全体の考えが深まっています。」

③自己の生き方についての考えを深める

- 「話合いの中で納得した考えがあると、『○○さんの考えを聞いて、〜を大切にしたいと思った』と自分が見付けた考えをノートに書いていました。」
- 「授業の最後に、自分が見付けた『心のかぎ』をまとめるときに、授業のはじめにもっていた考えが変化したことを自覚し、新たに目指したくなった生き方を発表することができました。」
- 「いつも、今までの自分はどうだったかなと振り返りながら、その授業の学びをまとめることができています。これまで大事にしてきた考えがよかったと思ったときは、『これからも続けていきたい』とこれまでの自分にも満足感をもって意欲を高めていました。」

高学年

②物事を多面的・多角的に考える

- 「自由に考えを聞きに行く相手が1学期よりも増えました。いろいろな友達に考えを聞くことが、自分にとってもよいと感じているようです。」
- 「よくわからないと言った友達の思いを大事にして、詳しく自分の考えを説明することができます。」
- 「4月よりもいろいろな考えを受け入れることができるようになりました。自分と異なる考えも『そういう考えもあるよね。人はみんな違うから。』と言いながら、認めていくことができています。」
- 「インタビュータイムの後の全体の話合いでは、『○○さんが言っていたんだけど〜』と友達の考えをみんなに紹介しながら語ることができました。」

③自己の生き方についての考えを深める

- 「4月に考えた『なりたい自分』を見返し、今の自分の中で少しでも近付けたと思うところを探して、自分の成長を見付けることができました。」
- 「4月に決めた自分の目標は漠然としたものでしたが、学年末にそれを見直し、『来年はただ優しいだけでなく、相手のことを本当に考えた優しさをもてるようになりたい』と、より具体的に自分のなりたい姿をもつことができました。」
- 「3年生になったばかりの頃の自分を思い出し、自分の中で何が成長したのか客観的に見つめることができました。友達と進んで協力できるようになったことに自分でも満足していました。」

 大単元テーマ

人を大切にするっていうことは

4 年生の発達の段階を踏まえる

4年生は、友達とのつながりを意識する一方でまだまだ自分中心の面もある。そういった内面の差が出てしまい、コミュニケーションがうまくいかなかったり、人権意識が弱くなったりすることもある。そのような中でも発達の段階を踏まえ、他をしっかりと意識して自分の中にある弱さにも目を向けながら人に優しくすることを躊躇せず進んでいけるようなユニットを構成していければと考えている。

1 年を通じて養いたい資質・能力

1　道徳的価値の理解
各内容項目の言葉を聞いていることでそれが大事であるという認識はある。より深く道徳的価値を理解するために他の内容項目と関連付けてその価値を見ていける力を育成したい。

2　道徳的価値への思考力・判断力・表現力
これから自分が生きていく中で、価値についてじっくり考えてから行動するということはなかなかできないこともある。だからこそ、授業の中でじっくりと多様な考えから自分で判断できる力を育成したい。

3　道徳的学びに向かう力
学びがその場で終わらないように道徳的学びや考えがどこにつながっているのかをこちらが意識して子供に示していく。イメージがもてると自分で学びをつなげられるようになる。このように意欲的に学びに向かっていける力を育成したい。

学びの見取りツール

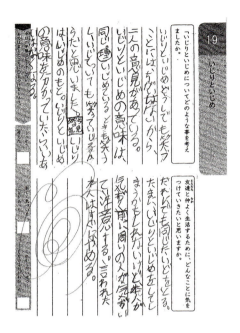

道徳ノート
基本は教科書会社のノートを使用する。中心発問が変わったり、感想を設けたりするときは新たにワークシートをつくるなどして進めている。

評価表
感想を読みながら、どの点について書けていたかを見取る。内容項目と違った観点があればその他にメモ書きをしておく。1時間の授業あたり10分程度でできる。

1年間を通じて子供の学習状況を把握するポイント

　教科書会社から出ている道徳ノートやワークシートを使いながら学習状況の評価を進めていく。道徳ノートやワークシートから「価値についての理解を深めることができたか」「価値を多面的・多角的に考えることができたか」「価値と自分との関わりで考えることができたか」などを見取るようにする。ねらいとする道徳的価値以外の記述があったときは備考に書くなどして子供たちがどのように感じ、考えたのかを把握していく。

　こういった評価表を毎時間つけていくことで、大くくりなまとまりの評価ができ、子供の成長の様子がよくわかる。また、価値について「その他」の記述が多くなると授業そのものがどうであったのか等の見直しにもつながる。

カリキュラム・マネジメントを意識した年間計画

1学期

中単元テーマ: **よさを見つめて**

4月
【1時間】オリエンテーション

↓

【小単元①】**昔話から学ぶ大切なこと**
- 第1時 よさの花をさかせよう D⒇「花さき山」
- 第2時 正しいと思ったことは自信をもって A⑴「よわむし太郎」

↓

【1時間】**たいせつにしたい日本の伝統と文化** C⒃「浮世絵」

5月
【小単元②】**いのちを感じるために**
- 第1時 自然の命を守る D⒆「聞かせて、君の声を!」
- 第2時 すべての命を大切に D⒅「ヒキガエルとロバ」
- 第3時 たいせつな命 D⒅「お母さんなかないで」

↓

【1時間】**気持ちのよいあいさつ** B⑻「あいさつができた」

9月
【1時間】**安全に気をつけて** A⑶「ほんとうに上手な乗り方とは」

↓

【小単元⑤】**よりよい学級を目指して**
- 第1時 節度のある生活 A⑶「目覚まし時計」
- 第2時 相手のことを考えて B⑽「ちこく」

10月
- 第3時 みんなが気持ちよく C⑾「雨のバスていりゅう所で」
- 第4時 よりよい学校生活、集団生活の充実 C⒂「交かんメール」

↓

【1時間】**きっぱりことわる** A⑴「さち子のえがお」

3学期

中単元テーマ: **世界に目を向けて**

1月
【1時間】**ほうしの気持ち** C⒀「ネコの手ボランティア」

↓

【小単元⑪】**共に生きる**
- 第1時 礼ぎにこめられたもの B⑻「フィンガーボール」
- 第2時 しんらいし合える友達 B⑼「いのりの手」

2月
- 第3時 公平なたいどとは C⑿「決めつけないで」
- 第4時 思いやる心 B⑹「三つのつつみ」

↓

【小単元⑥】**世界に向かって進む**
- 第1時 長所を伸ばす A⑷「つくればいいでしょ」

実践編 第2章

（使用教科書：日本文教出版「道徳4 生きる力」）

6月【小単元③】
夢を叶えるために
第1時　正直はだれのため　A⑵
「新次のしょうぎ」
第2時　よくばりな心　A⑶
「金色の魚」
第3時　最後までやりとげよう　A⑸
「四二・一九五キロ」

【1時間】
友達のことを考えて　B⑼
「絵はがきと切手」

7月【小単元④】
自然とともに生きる
第1時　相手の意見を聞く　B⑽
「にぎりしめたいね」
第2時　身近な自然とのふれあい　D⑲
「小さな草たちにはく拍手を」

【1時間】
1学期の学びの振り返り

2学期

中単元テーマ
つながりを意識して

11月【小単元⑨】
人を大切にするっていうことは
第1時　ほんとうの親切　B⑹
「心と心のあく手」
第2時　正しい勇気をもって　A⑴
「遠足の朝」
第3時　分けへだてなく　C⑿
「いじりといじめ」

12月【小単元⑩】
よりよい社会を目指して
第1時　身近なことへのかんしゃ　B⑺
「朝がくると」
第2時　自分のやくわり　C⑭
「家族の一員として」
第3時　みんなのために働く　C⒀
「ぼくの草取り体験」

【1時間】
2学期の学びの振り返り

低学年　中学年　高学年

3月
第2時　国やきょうどを愛する　C⒃
「お父さんのじまん」
第3時　それぞれの国にそれぞれのよさが　C⒄
「海をこえて」

【1時間】
1年間の学びの振り返り

> **作成のポイント**
>
> はじめは道徳の楽しさや大切さがわかるようなユニットにしている。2学期からは人とのつながりを意識して進めている。そのなかで学級経営や人権学習とつなげていくのもよい。3学期には仲間と自分を大切にしながら次に向かうという設定にしている。
> 自分のよさに気付くことで次への意欲につながる。まわりとのつながりから支え合う大切さを感じる。そして大きな世界へと一歩踏み出すというストーリーになっている。

ユニットを構成しよう！

[小単元テーマ]
人を大切にするっていうことは

ねらい

「親切、思いやり」から学んだことや「正しい判断をして行動する」ということから人を大切にするためにできることはどんなことなのかをしっかりと考えて人に優しくしていこうとする実践意欲と態度を養う。

　人を大切にするということについて学ぶユニットである。中学年になると他者意識が芽生える。自分と他者を比べたり、自分の存在価値を確かめようとしたりすることも多くなる。そんな中で色々なグループが出来上がり、グループではない他者を排除しようとする動きも見られるようになる。

　そのような中でも人に優しく接することの大切さを学ぶことについては、知識理解ではなく心情を高めることが重要な要素となる。そのためにこのようなユニットを組み、B「親切、思いやり」やA「善悪の判断、自律、自由と責任」など色々な思いから人に優しくすることの大切さを学べるようにした。

　なぜなら、「人に優しくする」ということは、人権を大切にすることへの気付きにも影響するからである。人権を大切にすることで他者とのつながりを深めていくことは、中学年において欠かせない要素となる。そこからさらに多様な価値から人を大切にすることのよさに気付ければと考えている。

第1時　よりよい親切とは

主題名
「ほんとうの親切」　B(6)

内容項目：親切、思いやり
提示教材：「心と心のあく手」

授業展開のポイント

　導入で人を大切にするために大事にしたいことはどんなことかを問い、色々な意見を出させていく。その中でも今回は思いやりの視点２つの親切の視点の違いにも触れながら、よりよい親切とはどのような親切なのかをグループで話し合わせる。その話し合いのもと全体でよりよい親切について語り合う。

学びの見取りポイント

● 道徳ノートについて
　まずはグループでも全体でも発言する前に一人の時間を大切にする。１学期であればなかなか書くことができない子に支援をしていくが、２学期は自分でまず書くことができているかを見取るようにする。

● 多面的・多角的に考えることについて
　話し合いの中で、相手に共感することがあれば道徳ノートに記入していく。そのことでどんどん自分の考えが付け足されていく。

第2時　正しいと思うことを実行するために

主題名
「正しい勇気をもって」　A (1)

内容項目：善悪の判断、自律、自由と責任
提示教材：「遠足の朝」

授業展開のポイント

導入で第1時の「人を大切にするために大事にしたいこと」で出された意見を振り返り、本時は「善悪の判断」について考えていくことをめあてとすることを共通認識する。仲間外しについてどう思うかについて話し合わせ、絶対にしてはいけないことであることを知識理解として押さえる。その後で、ことちゃんたちやなおみさんに声をかけた「わたし」の行動の素敵なところについて考える。

学びの見取りポイント

●多面的・多角的に考えることについて
　仲間外しについてどう思うかをペアなどで語り合わせながら相手の意見をしっかりと聞いているかを見取るようにする。
●自己の生き方について考えることについて
　正しいと思うことを実行するときに大切なことは何かを考えるときにグループワークなどを取り入れて友達のよいと思う点について赤でノートに書くなど色分けさせる。

第3時　分けへだてなく人と接するために

本時

主題名
「分けへだてなく」　C (12)

内容項目：公正、公平、社会正義
提示教材：「いじりといじめ」

授業展開のポイント

導入では、第1時と第2時の授業を想起し、「今のみなさんは分け隔てなく人と接することができているか」と問い、「分け隔てなく」とはどういうことなのかを意識させる。みかがげんきと議論になったところを取り上げ、それを見守っていたクラスのみんなに視点を当てながら進める。最後に「いじりといじめ」について考えることを通して「分け隔てなく人と接するために大切なこと」を考えていく。

学びの見取りポイント

周りで聞いているクラスの子供たちに視点をもたせることで日常から傍観者として過ごしてしまっていることが多い子供が共感的に考え、グループなどで発言できているかどうか見取る。自分との関わりで考えることについて、「いじりといじめについてどんなことに気付いたか」という発問により自分の考えをもち、その理由などをしっかりと述べながら話合いに参加できているかを見取る。

第3時の授業展開

展開① 学習テーマの共有

人との接し方について考える

今までの単元の学習を振り返る

「遠足の朝」「心と心の握手」を提示しながら人の思いに寄り添った学習を進めてきたことを想起する。

「分けへだてなく」ということを問うとイメージがもてない子供もいるため、「人によって優しくしたり、しなかったりすることってありますか」や「誰とでも仲よくすることってできていますか」と問いながら意識をもたせていく。

ペアで話し合わせた後、全体で意見交流する。交流した意見をもとに本時の学習で考えていきたいことを引き出させてテーマを決める。

展開② 学習課題

自分の考えを自由に語り合う

スペースを見付けて集まり、お互いの考えを伝え合う

教材「いじりといじめ」を読んだ後、みかが「今の何がおもしろかったのかな」という発言からげんきと議論になるところを場面確認しながら、板書にキーワードを掲示して整理していく。

その後、「これを聞いていたクラスのみんなはどう思っていたのか」と問う。全体で意見を聞いた後、それぞれで理由を示しながら話し合いを進める。「仲がいいから」などのげんきの発言を取り上げ、学習テーマである「分けへだて」ということについても意識させていく。

板書例

ミカとげんきの発言の違いがわかるように人物の配置やフラッシュカードの色を工夫する。

実践編 第2章

展開③ 共通解の共有

全体で話し合う

共通解をまとめていくための全体発表

　全体での話合いをはじめる。話合いでは、考えの根拠を大切にしながら発言をしていく。それらの発言を受けて、「いじりといじめについてどんなことを考えましたか」と問い、「分けへだてなく」というテーマに向かいながら再度意見をまとめさせていく。
　そういったことを意識させていきながら、本時のテーマについての共通解をまとめていくように進めていく。
　そして、さらに出てきた意見の中から、「どの意見に共感したか」ということを理由と共に出し合っていき、板書された意見をどんどん深めていくようにする。

展開④ 納得解の紡ぎ

本時で学んだことをノートにまとめる

自分の考えを一人でまとめる

　共通解をもったあとは、「分けへだてなく人と接していくために気を付けていきたいことはどんなことか」ということで一人の時間を確保し、自分と向き合う。道徳ノートにそれぞれが記入した後、発表し合う。
　授業の最後に、小単元（ユニット）の学習を通して、人を大切にするということについて自分の考えをまとめていく。
　まとめた考えを全体に発表し合い、それぞれに大切にすることを紹介し合う。多様な考え方を聞き合うことで、考えの幅が広がるようにし、実生活へのつながりに結び付きやすくしていく。

低学年　中学年　高学年

課題探求型道徳科授業を目指す本時のポイント

● 教材の登場人物に共感しながら進めていく。

　ミカとげんきが議論になっているところを主人公が聞きながら考える設定になっているため、主人公に共感するような問いや切り返しをしていくことで課題を解決していこうと進めていくことができる。そのためにも教材提示が終わった後に板書でわかりやすく整理していくことが大切になってくる。

● 多様な考え方にふれるようにする。

　「これを聞いていたクラスのみんなはどう思っていたのか」「いじりといじめについてどんなことを考えましたか」という問いを準備することで多様な考えが出せるようにした。様々な意見が出されるのでグループや全体と色々な話合いを進めていく。そのことで多様な考えを知ることでこれから気を付けていきたいことについてもより深く考えられるようにする。

通知表記入文例

1学期　評価の観点と見取りの工夫

①自分との関わりで考える
道徳的価値が大切であるという見方や考え方ができる。他の人からその価値がどのような考え方で捉えられているかを知る。

②物事を多面的・多角的に考える
友達との交流を通して、色々な考え方や思いを伝え合っている姿を見取る。

③自己の生き方について考えを深める
過去を振り返り自分も同じようにしたことがあったことなどを発言したり、記述したりするところから見取っていく。

①自分との関わりを考える

- 「道徳的価値そのものが大事であるということを教材を通して発言する様子が見られました。」
- 「主人公の生き方に共感しながら、思いを整理して大切な道徳的価値についてしっかりと考えることができました。」
- 「友達の意見にも耳を傾けながら、改めて道徳的価値の大切さに気付いたことを発言したり、記述したりする姿が見られました。」
- 「友達の意見を聞いて納得したことは道徳ノートにメモするなど様々な考え方を取り入れることができていました。」

2学期　評価の観点と見取りの工夫

①自分との関わりで考える
1学期も踏まえ、道徳的価値は大事であると思いながらも行動にうつすことができにくいという人間の弱さを表現している。

②物事を多面的・多角的に考える
1学期も踏まえ、友達の考え方を知ったり、その考え方に付け足したりして多様な見方や考え方をしていることを見取る。

③自己の生き方について考えを深める
1学期も踏まえ、これからやっていきたいことについても見取るようにする

①自分との関わりを考える

- 「友達との交流や学習の振り返りを通して、自分の思いや考えをもつことができていました。」
- 「本当は大切なことであることを知っているにもかかわらず、心の弱さが勝ってしまい、できなかったのではないかと主人公に共感しながら発言することができました。」
- 「周りの人からどう思われているかで消極的な行動をとっていた主人公の気持ちに共感しながら自らの体験を話していました。」
- 「しっかりと声をかけた主人公に対して、模範となる行動であるが自分は難しいかもしれないという思いを話していた。」

3学期　評価の観点と見取りの工夫

①自分との関わりで考える
1学期や2学期と比べて、様々な観点から価値の理解を考えられるようになったことを見取る。

②物事を多面的・多角的に考える
1学期や2学期と比べて、友達の意見を積極的に聞いて自分の考えを発言できたことを見取る。

③自己の生き方について考えを深める
1学期や2学期と比べ、自己の生き方につなげて伸ばしていこうとする姿を見取る。

①自分との関わりを考える

- 「1年を通して、道徳的価値そのものが大事であるという理解だけに終わることなく、友達はどのようにその価値について考えているのだろうと常に相手意識をもって価値を理解しようとしていました。」
- 「1年を通して、道徳的価値を様々な観点から考えることができました。」
- 「自分の弱さと向き合いながら道徳的価値の大切さを発言する姿はとても立派でした。他の人もそのことについては聞き入っている様子でした。」
- 「友達の意見からこの道徳的価値は大事であるということを改めて知ったということをノートの記述等からうかがうことができました。」

実践編 第2章

②物事を多面的・多角的に考える

- 「教材の主人公に自分の思いを重ねながら、新しい見方や考え方に気付いている様子が学習やワークシートへの振り返りから感じました。」
- 「ペアやグループでの交流を通して、自分の思いや考えを意欲的に発言することができました。自分の立場と相手の立場の両方から考えることで多様な思いに触れることができました。」
- 「他の子供の発言に聞き入り、理解しようとする姿が見られました。」
- 「素直に教材に聞き入り、他の子供とは違う視点で着目することが多くありました。」

③自己の生き方についての考えを深める

- 「教材の登場人物の思いや行動を自分のこととして捉え、日常の様々な体験と重ねて、自分の思いや考えを深める姿が見られました。」
- 「授業の振り返りでは、これからは自分もそのように行動したいと述べていて、価値を実現することの大切さを実感していました。」
- 「教材の主人公の思いや行動に対して『自分だったらどうするだろう』と友達の発言を聞きながら自分なりに考えを深めていました。」
- 「教材の登場人物の思いや行動と過去の自分と結び付けて深く考えることができていました。」

②物事を多面的・多角的に考える

- 「教材のテーマを広い視野でとらえ、学習の前後の自分自身の思いや考えの違いに気付き、具体的に考える姿が多く見られました。」
- 「グループ学習等で発言が苦手な他の子供によく話しかけたり、自分の考えを積極的に発言したりして、授業の雰囲気づくりをしてくれました。」
- 「教材の登場人物と自分を重ね合わせながら、どのように判断・行動することがよいのか、根拠をもって積極的に話し合いをしていました。」
- 「どの教材でも自分に置き換えて考え、色々なものの見方や考え方があることを自分なりにイメージすることができました。」

③自己の生き方についての考えを深める

- 「他の子供の思いや考えにしっかりと耳を傾けながら、これまでの自分の生活を振り返り、学習のめあてについて考えを深めることができました。」
- 「どの教材においても常に自分の立場に置き換えて考え、これからの自分の生活に生かしていこうとする意欲を高めていました。」
- 「授業では、これからの自分の生き方につなげて考えている姿が多く見られました。」
- 「教材に対して感動や共感で終わるのではなく、これからの自分の生き方について考える一つの手がかりにしていこうとする姿が見られました。」

②物事を多面的・多角的に考える

- 「1年を通して、友達との交流を積極的に進めていき、よく聞いて、多様な見方や考え方を学んでいました。」
- 「友達の発言や交流したことを道徳ノートに色を変えてメモするなど自分の考えに付け足しながら進めることができていました。」
- 「2学期以降は積極的に友達に話を聞きに行き考えの幅が広がったという発言をしていました。」
- 「1年を通して、友達の発言をしっかりと聞いて、別の視点からの考えを学ぼうとしていました。またその考えをノートにメモするなど自分の考えに取り込もうとする姿が見られました。」

③自己の生き方についての考えを深める

- 「1年を通して、様々な道徳的価値を学ぶ中で自分ならどうするのかを積極的に考え、発言することができていました。」
- 「学習で学んだことを生かして、これから自分にできることを考えて発言し、意欲的に次に向かおうとする姿が見られました。」
- 「2学期以降はだんだんと今までの自分だけでなくこれからの生き方についても考えて道徳ノートに記述していました。」
- 「1年を通して学習したことを身近な生活にあるものに着目しながら、自分の生き方につながる発言や記述がありました。」

低学年／中学年／高学年

大単元テーマ

かけがえのない生命と向き合って

⑤ 年生の発達の段階を踏まえる

生命の大切さについて、たとえ1年生であって、表面的には感じている。5年生は、宿泊を伴う学校行事や様々な体験活動、委員会活動等を通して、子供たちが生命に対して真剣に向き合う機会が増える発達の段階である。

一方で、周りの大人に対して反抗的な態度を示したり、生命を軽視するような言動をしたりする子供も見られるようになる。そのような時期だからこそ、小単元を組み、目には見えぬ生命と向き合わせたい。

① 年を通じて養いたい資質・能力

1 道徳的価値の理解
1学期の段階で「生命は大切なもの」と答えた子供が大半を占めていた。なぜ大切なのか、生命を大切にするとはどのようなことなのか、それらについて実感を伴って理解させたい。その中でも、特に「生命のつながり」について、様々な側面から考えさせていきたい。

2 道徳的価値への思考力・判断力・表現力
将来、出会うであろう様々な場面において、多面的・多角的に物事を捉え、自分の意思と責任感をもって判断できるような力を養いたい。そのために、授業の中で問題解決的な学習を組む際に、「何が問題なのか」を子供に見付けさせるようにする。

3 道徳的学びに向かう力
3つの資質・能力の中でも、これを最も大切にしていきたい。他の教科・領域でも言えることだが、学びに向かう力なくして、主体的な学びは成立しない。よりよい生き方を求める意欲や態度を、日々の授業はもちろん、カリキュラム全体の構成を工夫することで育みたい。

学びの見取りツール

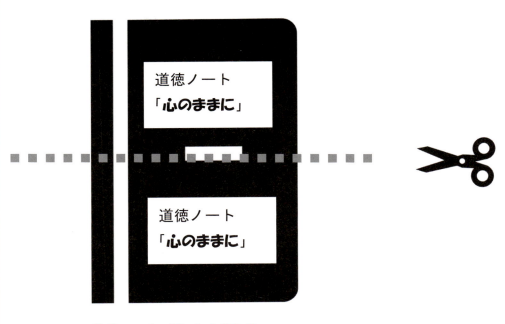

道徳ノート「心のままに」
自分の考えや気付いたことを書くための道徳ノートを、3〜6年生で統一してつくった。B5判の半分サイズであることがポイントである。「書く時間」と「考え、議論する時間」のバランスを取る上で、これくらいのサイズがちょうどよい。縦書きでも横書きでも可。

1年間を通じて子供の学習状況を把握するポイント

　道徳ノートに書かせる項目として、①中心発問に対する自分の考えと②学習の振り返りの2点にすることが多い。場合によっては、②だけ書かせる授業もある。②については、毎回統一して「この授業で学んだこと」としている。今までに知っていたことやわかっていたことではなく、この授業があったからこそ気付いたことや考えたこと、あるいは再確認したことを書かせるようにしている。そうすることで、わかりきったことだけを記したポートフォリオではなくなる。授業がうまくいかないときは、「特になし」と書く子供もいる。教師の授業評価にも欠かせない項目である。そのように道徳ノートに書き溜めることによって、建前ではない具体的な子供の学習状況を把握しようとしている。

カリキュラム・マネジメントを意識した年間計画

1学期

4月 【小単元①】 感謝の気持ちを忘れずに
- 第1時 多くの人の支えに対して B(8)「『ありがとう』上手に」
- 第2時 夢を実現するために A(5)「いつも全力で」
- 第3時 自分に誠実に A(2)「見えた答案」

5月 【小単元②】 社会の中で
- 第1時 自律的な行動 A(1)「遠足の子どもたち」
- 第2時 決まりや約束は何のため C(12)「駅前広場はだれのもの」
- 第3時 生命を救う仕事 C(14)「お父さんは救急救命士」

中単元テーマ: かけがえのない生命

9月 【小単元⑤】 自分という存在
- 第1時 探求する心 A(6)「ペンギンは水の中を飛ぶ鳥だ」
- 第2時 役割を果たす C(16)「かれてしまったヒマワリ」
- 第3時 権利と義務 C(12)「これって「けんり」？これって「ぎむ」？」
- 第4時 温かい家庭 C(15)「お父さんのおべんとう」

10月 【小単元⑥】 他者と自分
- 第1時 世界の人々のために C(18)「折り紙大使」
- 第2時 挨拶の大切さ B(9)「オーストラリアで学んだこと」
- 第3時 広い心で B(11)「名医、順庵」
- 第4時 希望を持って A(5)「ベートーベン」

3学期

1月 【小単元⑨】 自分のよさ
- 第1時 自分のよさを伸ばす A(4)「感動したこと、それがぼくの作品」
- 第2時 郷土を愛する C(17)「親から子へ、そして孫へと」
- 第3時 健康を見直す A(3)「『百シャアのふたごしまい』きんさん・ぎんさん」

2月 【小単元⑩】 友とともに
- 第1時 ものを大切にする心 A(3)「流行おくれ」
- 第2時 同じ地球に生きている C(18)「同じ空の下で」
- 第3時 友達のために B(10)「友の命」
- 第4時 大自然の中の奇跡 D(21)「一本松は語った」

中単元テーマ: 未来につながる生命

実践編 第2章

（使用教科書：東京書籍「新しい道徳5」）

6月 【小単元③】 尊いもの
- 第1時　美しい真心の尊さ　D⑳
  「ひさの星」
- 第2時　公平な心　C⑬
  「転校生がやってきた」
- 第3時　誰に対しても思いやりの心を　B⑦
  「ノンステップバスでのできごと」
- 第4時　自然を愛護する　D⑳
  「一ふみ十年」

7月 【小単元④】 自分で守る自分の生命　[本事例]
- 第1時　亡くなった人が残したもの　D⑲
  「おばあちゃんが残したもの」
- 第2時　かけがえのない命　D⑲
  「コースチャぼうやを救え」
- ★理科「人のたんじょう」
- ★国語「大造じいさんとがん」
- ★特別活動「交通安全教室」

2学期

中単元テーマ
自分とは？
生きるとは？

11月 【小単元⑦】 生命の尊さ
- 第1時　社会や公共のために役立つ　C⑭
  「わたしのボランティア体験」
- 第2時　生きているからこそ　D⑲
  「クマのあたりまえ」
- 第3時　理解し合う心　B⑩
  「心のレシーブ」
- 第4時　生きる喜び　D㉒
  「そういうものにわたしはなりたい」
- ★外国語活動「What is your treasure?」
- ★保健体育「交通事故の防止」

12月 【小単元⑧】 自分のふるさと
- 第1時　日本を愛する心　C⑰
  「正月料理」
- 第2時　相手の立場に立って親切に　B⑦
  「くずれ落ちただんボール箱」

低学年　中学年　高学年

3月 【小単元⑪】 つながる生命
- 第1時　生物を大切に　D⑳
  「イルカの海を守ろう」
- 第2時　わたしの学校　C⑯
  「バトンをつなげ」

> **作成のポイント**
>
> 年間計画作成のポイントとして、7月と11月において、道徳科と他の教育活動（★印）をつなぎ、「生命の尊さ」を重点的に指導する月間とした。他の教育活動については、いずれも前年度まで7月と11月以外の時期に行っていたものである。それらの指導時期を道徳科に合わせて変更し、教育課程を編成した。
> 外国語活動「What is your treasure?」は、自分にとっての大切なもの（家族や自分、生命など）に改めて目を向けられるようにすることを意図して授業を自作した。

ユニットを構成しよう！

[小単元テーマ]
自分で守る自分の生命

ねらい

道徳科はもちろん、他の教育活動でも同時期に生命に関する指導を行うことにより、目には見えぬ、かけがえのない生命と向き合わせる。

今回は、7月に行ったユニットを紹介する。夏季休業前に、このユニットを組んだ理由として、9月1日の自殺者の多さがある。子供たちが、学校に来ない40日あまりをどう過ごすのか。教師として心配なことは少なくないだろう。2学期の始業式に全員と笑顔で再会したいという教師の願いも込め、自分の生命を自分自身で尊び、守っていけるような子供を育てることをねらいとしている。

3つの授業を構成する際、生命に対して様々な面から向き合わせる時間とすることを意識した。「生命とは、大切なもの」という単一的で表面的な理解から、考えを深めさせていく。指導においては、自分との関わりの中で生命について考えさせたり、多面的・多角的に考えさせたりすることによって、「生命とは、○○なもの」という納得解を、子供それぞれに探し当ててほしいと願う。

ここで意識したいのが、学校教育目標との関連である。いかなるカリキュラム・マネジメントであっても、学校教育目標の具体化のためになされなければならない。

第1時 本時

生命のつながりを尊重しよう

主題名
「亡くなった人が残したもの」D (19)

内容項目：生命の尊さ
提示教材：「おばあちゃんが残したもの」

授業展開のポイント

導入で「生命に関するアンケート」において「生命とは、どんどん結びつながれていて」と回答している子供の意見を提示して、道徳的価値への方向付けをし、学級全体に課題意識をもたせる。終末では、故・水木しげる氏（ゲゲゲの鬼太郎）の「幸福の七カ条」の第七条「目に見えない世界を信じる」を提示し、余韻をもって授業を終わらせる。

学びの見取りポイント

「亡くなってしまった人の命を大切にするということは、どういうことなのか」という中心発問を考えた。それに対して考え、議論させるのだが、議論させる前に「自分との対話」（自己内対話）の時間を設定した。無音で落ち着いた雰囲気の中、十分に時間を確保し、そこで考え出したことを道徳ノートに書かせる。この授業に限らず、どう自己内対話したかという点も、子供の学びとして見取るようにしている。

第2時 生命を大切にする心情

主題名
「かけがえのない生命」D ⑲

内容項目：生命の尊さ
提示教材：「コースチャぼうやを救え」

授業展開のポイント

生命は大切だと感じている子供は多いが、助かるわずかな可能性を信じ、やけどを負った小さな生命を必死で守ろうとする多くの人々の思いに触れたことはほとんどないだろう。
指導にあたっては、主人公の生命力の強さに目を向けるとともに、多くの人々の思いについても多面的・多角的に考えさせ、決して自分一人の生命ではないことに気付かせる。

学びの見取りポイント

5年生は、生命を軽視する言動が見られるようになる発達の段階でもある。そのような子供たちに、「国境をこえて、なぜこれだけ多くの人々が動いたのか。どのような思いが国までも動かしたのか」について、自分なりの考えをじっくり書かせ、学びを見取る。そして、学級全体で議論することによって、自分一人では気が付かない考えに触れさせる。話し合いの中での発言についても積極的に見取っていきたい。

理科 人のたんじょう

ねらい

人が母体内で成長していく様子を、資料を活用して詳しく調べ、わかりやすく表現する。

授業展開のポイント

胎児の成長過程について教師が一方的に教え込むのではなく、「知識構成型ジグソー法」を取り入れ、子供自らが学び、伝え合い、互いに深め合えるような授業を目指した。
「知識構成型ジグソー法」は、以下のように展開する。
①答えを出したいと思わせる「問い」を提示する。【学習課題の確認】
②答えづくりに必要な部品（問題を解く手がかり）を与え、まずは各個人で問いに対する答えを考えさせる。【エキスパート活動】
③グループで集まり、部品を統合して問いに対する答えを話し合わせる。【ジグソー活動】
④全体の場で、グループごとの答えを発表させる。【クロストーク】
ジグソー活動では、情報を知っているのは自分だけであるという責任感から、「友達に伝えたい」という状態を意図的に作り出せる。説明したり、話し合ったりする中で、思考をさらに深め、生命に対して多様な考えを引き出すような授業展開にする。

学びの見取りポイント

理科の指導であっても、子供たちの生命に対する気付きや強い思いを見取ることができた。
学習のまとめを自分の言葉で書かせたところ、生命が誕生することに対し、神秘性を感じたり、驚きや感動を覚えたりする子供がいた。「生命について、もっと調べてみたい」という感想もあり、関心の高まりを感じた。

第1時の授業展開

展開① 学習テーマの共有

生命のつながりについて考える

生命に関するアンケート

「生命とは、どんどん結びつながれていて」という意見を提示することによって、子供に課題意識をもたせる。血のつながりという物理的なつながりには気が付くが、心のつながりというところまで考える子供は少ない。出された意見を板書しながら、「生命のつながり」についてうまく言葉で説明できない、考えてみたいと思わせたところで、子供たちとともに学習課題を考える。

「生命のつながりとは、どのようなものなのだろうか」授業前と授業後で子供たちの考えに変容が生まれるような授業展開にするため、道徳的価値への方向付けをする。

展開② 学習課題

教材をもとにまずは自分自身で考える

自己内対話

教材「おばあちゃんが残したもの」の読み聞かせをした後、考え、議論させる前にしっかりと自分の考えをもたせるようにする。「おばあちゃんとぼくとはどのような関わりだったのだろうか」という発問をし、2人の関わりに着目させながら、自分自身と対話する自己内対話の時間を十分に設ける。自己内対話は、展開後段や終末に限らず、展開前段であっても効果的だと考えている。ここでは、母子家庭や父子家庭の子供に配慮し、あまり「家族」という言葉を強調しすぎないようにする。また、内容項目やねらいからずれてしまわないよう、言葉を精選して発問をする。

板書例

展開①と③で、導入の際に出た「血のつながり」という考えと比較して考えられるよう、構造的に板書する。教材文に合わせて、「命」表記で統一する。

実践編 第2章

展開③ 共通解の共有

他者と語り合い、共通解を見いだす

対話的な学び

「亡くなってしまった人の命を大切にするということは、どういうことなのだろうか」という中心発問に対して、考えを発表させるのだが、一問一答式にならないよう留意する。

「出された考えに対しての考え」や「出された考えの中で、引っかかるところ、疑問点、よくわからないところ」などの意見を大切にする。教師はなるべく話さず、話合いのコーディネートをするようにする。

その中で、教材の読み取りだけをしている意見に対しては、問い返しをして、「亡くなった人の生命を自分の生き方に生かしていく」という学級全体の共通解を見付けていく。

展開④ 納得解の紡ぎ

共通解から納得解へ

終末の工夫

終末で「ゲゲゲの鬼太郎」の作者である、故・水木しげる氏の「幸福の七カ条」を提示する。その中でも、第七条の「目に見えない世界を信じる」という項目について話をする。水木氏が亡くなった後も、彼の弟子たちがその思いを受け継いでいるということを子供たちに伝える。直接言葉として表現することはしないが、生命のつながりの一例であることを間接的に伝える。そして、自己内対話を経て学級全体で見いだした共通解から、自分だけの納得解を探し出させる。

それを道徳ノートに書かせ、余韻を残して授業を終わらせる。

◀ 課題探求型道徳科授業を目指す本時のポイント ▶

● 子供たちとつくる学習課題

導入で道徳アンケートの結果を提示することによって、子供たちは自分事として本時のねらいである道徳価値について考えるようになる。

また、少し考えただけではうまく説明できない「生命のつながり」という言葉を学習課題として設定することで、教材を読むときから課題意識をもち、主体的に学習に取り組むようになる。

● 教師の問い返し、子供同士の問い返し

上述の「展開③」での話し合わせ方だが、積み重ねていけば、小学校2年生でも十分に可能である。このスタイルのメリットは、手綱は教師が引いているにもかかわらず、子供たちは「課題解決のために、自分たちで話し合いを進めている」という意識をもつことができる点にある。そこには、「主体的で対話的な学び」が生み出される。また、それを繰り返すことで「深い学び」につながる。

低学年 / 中学年 / 高学年

通知表記入文例

1学期　評価の観点と見取りの工夫

①自分との関わりで考える
安直に「自分だったら〜する」と書かれている記述だけでなく、登場人物に自分を重ね合わせている。

②物事を多面的・多角的に考える
他者の意見を聞いて、自分の考えと比べている。

③自己の生き方についての考えを深める
これからの生活に生かそうとしている。

①自分との関わりを考える

- 「教材の登場人物の気持ちに共感し、自分も同じような場面では迷ってしまうが、相手の気持ちを大切にしていきたいと、○○について深く考えることができました。」
- 「友達との話合いの中で、教材の登場人物と自分を比べながら発言をし、よりよい○○について考えることができました。」
- 「自分が実際に体験したことをもとに、教材の登場人物の行動の裏には○○という気持ちがあるということに気が付きました。そして、このような気持ちをこれからも大切にしていきたいと考えることができました。」

2学期　評価の観点と見取りの工夫

①自分との関わりで考える
自分と登場人物の考え方の共通点や相違点に気が付いている。

②物事を多面的・多角的に考える
他者の考えに対しての考えを述べたり、疑問点について発表したりしている。

③自己の生き方についての考えを深める
登場人物や他者の生き方を自分の生き方と重ね合わせている。

①自分との関わりを考える

- 「教材の登場人物と自分の考え方を比べ、似ている点に気が付き、よりよい○○について深く考えることができました。」
- 「教材の登場人物と自分の考えを比べ、違っている点について、理由を添えてクラス全体の前で発言していました。また、その根底にある気持ちは同じだということに気が付きました。」
- 「教材の登場人物の行動や考え方に共感し、普段の自分の生活を見直していきたいと道徳ノートに考えをまとめることができました。」

3学期　評価の観点と見取りの工夫

①自分との関わりで考える
1・2学期と比べて、より自分事として考えられるようになった。

②物事を多面的・多角的に考える
1・2学期と比べて、より広い視野で物事を多面的・多角的に捉えられるようになった。

③自己の生き方についての考えを深める
1・2学期と比べて、より自分の生き方を見つめることができるようになる。

①自分との関わりを考える

- 「2学期までの道徳科の学習を振り返り、教材の登場人物の行動について、以前にも同じようなことを考えたとクラス全体の前で発表することができました。」
- 「グループでの話し合いの中で、自分だったらどう思う？と友達に尋ね、教材の登場人物と自分たちを比べながら意見を交流させることができました。」
- 「教材と同じような状況になったら登場人物のように行動することがむずかしいかもしれないが、自分だったら○○したいという考えを、根拠を明確にして道徳ノートに書くことができました。」

実践編 第2章

②物事を多面的・多角的に考える

- 「友達の発表を聞いて、自分が思っていた○○とは違う見方に気が付きました。」
- 「友達と自分の考えの共通点に気が付き、よりよい○○のためには、○○することが大切だということを改めて感じていました。」
- 「グループでの話合いの中で、友達の様々な考え方に触れ、よりよい○○について自分の言葉で道徳ノートにまとめることができました。また、同じ○○についても、人によって見方や考え方に違いがあるということに気が付きました。」

③自己の生き方についての考えを深める

- 「教材を通して○○について考えたことを、道徳ノートにまとめました。また、これからの生活の中でも○○を大切にしていきたいという思いをもちました。」
- 「授業のはじめと終わりの自分の考えを比べ、○○について考えが深まったと発表していました。また、よりよい○○について、これからも考えていきたいという意欲を見せました。」
- 「教材の登場人物と同じようには行動できないけれど、そのもとにある気持ちに共感し、○○な心を大切にしていきたいと考えることができました。」

【低学年】

②物事を多面的・多角的に考える

- 「クラス全体の前で友達が考えを述べているのを聞いて、共通点を発表することができました。」
- 「友達が発表した考えを聞き、自分の考えと比べ、違う点について根拠を明確にして述べることができました。話合いが進む中で、友達の考え方にも共感する部分があるということに気が付きました。」
- 「友達の意見を聞いて、よくわからない点について、グループ内で積極的に尋ねていました。自分と違う考え方に触れることで、新しい見方をしていきたいという意欲をもちました。」

③自己の生き方についての考えを深める

- 「教材の登場人物の生き方に感銘を受け、自分の生き方や考え方と比べていました。そこには共通点もあるということに気が付き、これからも○○の心を大切にしていきたいと考えることができました。」
- 「グループでの話合いの中で、友達の考え方に共感し、自分も同じように○○を大切にして生活していきたいという思いをもちました。」
- 「友達の考えを聞くことで、自分にも同じような気持ちがあるということに気が付き、これからも○○な心を育てていきたいと道徳ノートにまとめていました。」

【中学年】

②物事を多面的・多角的に考える

- 「1年間の道徳科の学習の中で、友達の考えを認め受け入れることの大切さに気が付きました。新しい見方ができるので、話し合いが楽しいと道徳ノートに書いていました。」
- 「友達の考えを尊重しつつ、自分の考えもしっかりもっていました。自分の考えがあるからこそ、友達の考えのよさに気が付くことができました。」
- 「教材の様々な立場の登場人物の気持ちを考えることが楽しかったので、これからの生活の中でも、いろいろな立場の人の気持ちを考えていきたいと道徳ノートにまとめていました。」

③自己の生き方についての考えを深める

- 「1年間の道徳科での学びの中でも、特に○○についてたくさんの発見や気付きがあったと振り返り、6年生になってからも○○な気持ちを大切にしていきたいと考えることができました。」
- 「グループでの話合いの中で、自分のよさについて友達が具体的に教えてくれました。また、自分では思い付かなかった友達の考えを聞いて、これからの生活に生かしていこうとする意欲が見られました。」
- 「道徳科の学習を通して、自分と向き合うことが多くなり、新たな発見があったと道徳ノートにまとめていました。」

【高学年】

111

5年生 大単元テーマ
自分・他者・社会との関わりから、望ましい自己の在り方について考えよう

⑤ 年生の発達の段階を踏まえる

5年生の時期は、自己の生き方についての理想を追い求めはじめる時期と言われる。また、周りのことがよく見えてくることで、その反応を過度に意識してしまう時期でもある。そのため、よりよく生きたいと願う思いが高まる反面、なかなか行動につながらないことがある。このようなことからも、自己と他者、社会との関わりを見つめなおしていくことで、望ましい自己の在り方について考えられるユニットを構成していきたい。

① 年を通じて養いたい資質・能力

1　道徳的価値の理解
よりよく生きる上で、道徳的価値は大切であることを理解していけるようにしたい。また、道徳的価値は大切だが、なかなか実現できないことも理解したい。そうすることで、道徳的価値のもつ様々な意味を捉えようとする力を養いたい。

2　道徳的価値への思考力・判断力・表現力
他者の考えを聞き、自分の考えと比較、関連付けしながら、自己の生き方についての考えを深めることができるようにしたい。そうすることで、答えのない問題にも、自己・他者との対話によって納得し合えるものを導き出す力を養いたい。

3　道徳的学びに向かう力
教材の登場人物の行為に着目することで、そこにある道徳的なよさや問題を主体的に見付けられるようにしたい。そうすることで、自分の生き方を振り返ることのできる力や、道徳的なよさに向かおうとする力を養いたい。

学びの見取りツール

子供の考えが自由に記された道徳ノート
ノートは学びの足跡を残すことができる。見返すことで、考え方の変容や、そのとき何を疑問に思っていたか、その学びを見取る。

ビデオ記録
授業中のつぶやきや表情は、子供の思考を表す要素である。ビデオに記録して後に確認することで、そこでの学びを見取る。

１年間を通じて子供の学習状況を把握するポイント

　道徳ノートには、思い付いたことをメモしたり、じっくりと考えたことを自分の言葉で書いたりできるようにしておく。自由に書くことができるという特性上、子供たちの思考がよく表れるので学習状況を把握しやすい。また、ノートに教師のコメントを入れて返すことで、子供たちの心を前向きにすることもできる。

　ビデオ記録には、発言内容や授業中の雰囲気を記録できる特質がある。授業中、教師は子供たちのつぶやきを拾ったり、表情を読み取ったりしながらコーディネートしていく。しかし、そのすべてを記憶しておくことは困難である。そこで、授業後にビデオを見返し、そのときの状況を思い出す。そうすることで、子供たちの学習状況を深く把握することができる。

カリキュラム・マネジメントを意識した年間計画

1学期

中単元テーマ：**自己と他者との関係を見つめよう**

4月 【小単元①】自分を見つめて
- 第1時　節度を守って　A　「流行おくれ」
- 第2時　自分らしさを知る　A　「『自分らしさ』を見つめよう」

【1時間】
- れいぎとは　B　「あいさつって」

5月 【小単元②】未来へむけて今を見つめて
- 第1時　夢をかなえるために　A　「夢を実現するためには」
- 第2時　自分の役割を果たす　C　「わたしは飼育委員会」

【小単元③】友達と自分の関係を見つめて
- 第1時　自分の心に誠実に　A　「千羽づる」
- 第2時　友達と支え合う　B　「友のしょうぞう画」

9月 【小単元⑥】人々と理解し合うとは
- 第1時　友達を理解しながら　B　「絵地図の思い出」
- 第2時　わかり合うために　B　「ブランコ乗りとピエロ」
- 第3時　他国の人々を理解して　C　「小さな国際親善大使」

【小単元⑦】誰かを支えていくとは
- 第1時　相手の立場になって　B　「マークが伝えるもの」

10月
- 第2時　家族のために　C　「祖母のりんご」

【小単元⑧】災害を見つめて
- 第1時　自分の身を守るために　A　「命を守る防災訓練」
- 第2時　家族に感謝して　B　「おばあちゃんからもらった命」

【小単元⑨】伝統や文化を見つめて
- 第1時　伝統や文化を守るために　C　「曲げわっぱから伝わるもの」

3学期

中単元テーマ：**これからの自分を見つめよう**

1月 【小単元⑪】社会に参加していく自分
- 第1時　感謝の心をもって　B　「水がわたる橋―通潤橋」
- 第2時　自分の役割を自覚して　C　「ケンタの役割」
- 第3時　社会に役立つ喜び　C　「クール・ボランティア」

2月 【小単元⑫】人間として生きぬく　本事例
- 第1時　くじけないで生きぬく　A　「世界最強の車いすテニスプレーヤー　国枝慎吾」
- 第2時　限りある人生を生きぬく　D　「最後のコンサート―チェロ奏者・徳永兼一郎」

実践編 第2章

（使用教科書：光村図書「道徳5　きみがいちばんひかるとき」）

6月　【小単元④】　いじめについて考えよう
第1時　広い心で　B
「すれちがい」
第2時　公正・公平な態度とは　C
「どうすればいいのだろう」
第3時　公正・公平な社会を目ざして　C
「誰もが幸せになれる社会を」
第4時　かけがえのない命　D
「命の詩―電池が切れるまで」

7月　【小単元⑤】　共に支え合って生きる
第1時　責任ある行動とは　A
「いこいの広場」
第2時　親切とは　B
「道案内」

2学期

中単元テーマ
集団や社会との関わりを見つめよう

11月
第2時　伝統や文化を知る　C
「おおきに、ありがとう」

【小単元⑨】　社会のきまりを見つめて
第1時　自由とは　A
「うばわれた自由」
第2時　よりよいきまりとは　C
「公園のきまりを作ろう」
第3時　きまりの意義　C
「お客様」

12月　【小単元⑩】　自然の中のわたしたち
第1時　自然を大切に　D
「一ふみ十年」
第2時　すばらしさを感じる心　D
「宇宙から見えたもの」

低学年／中学年／高学年

3月　【1時間】　真実を求めて　A
「真の看護を求めて―ナイチンゲール」

【小単元⑬】　自分の成長へ向けて
第1時　一人一人の命の素晴らしさ　D
「同じでちがう」
第2時　よりよく生きるために　D
「アンパンマンがくれたもの」

作成のポイント

大単元テーマをもとに中単元を考える。自己について考えることからスタートして広がりのある学びができるようにしていく。
小単元では、中単元のテーマと教材ごとの特性を考えながら、ユニットを組む。ユニットは、2時間〜3時間のものが多くなる。

ユニットを構成しよう！

[小単元テーマ]

人間として生きぬく

ねらい

人物教材をもとに「人間として生きぬく」とはどういうことなのかを探求し、生き方のよさを自己の道徳的価値観形成につなげられるようにする。

　5年生の段階は、高い理想を追い求めはじめる時期である。そのため、他者の生き方に憧れたり、自分の将来に夢をもったりすることができる。よって、様々な生き方をした人物と出会い、その生き方から学ぶことはとても有意義なことある。このユニットでは、「人間として生きぬくこと」をテーマに、自己の生き方について考えられるようにする。このユニットで扱う人物は、「国枝慎吾」と「徳永兼一郎」である。国枝さんは、まさに今、人間として生きぬいている途中であり、その努力する姿勢から学ぶべきことがある。徳永さんは人間として生きぬいた人である。最後まで、自分の命を最大限に輝かせていたことから、子供たちは自己のこれからの生き方を考えることができる。今を生きぬくことが、人間として生きぬいた人生につながることに気付けるようにするために、A「自分自身に関すること」とD「生命や自然、崇高なものとの関わりに関すること」をつなげてユニットを展開していく。この2時間を通して、自分はどのように生きたいのかという個としての考えをもてるようにしたい。

第1時　自分の成長のために大切なことを考える

主題名

「くじけないで生きぬく」A

内容項目：希望と勇気、努力と強い意志
提示教材：「世界最強の車いすテニスプレーヤー　国枝慎吾」

授業展開のポイント

　導入で「これだけは他の人に負けたくないことがあるか」と問い、個々が努力していることを全体で共有する。その後、国枝慎吾の生き方のよさについて話し合う。そして、国枝慎吾さんを見てぼくがやる気を取り戻せた理由について話し合う。そこで、国枝さんの戦うべき相手は他人ではなく、自分自身であるという考えに気付けるようにする。

学びの見取りポイント

　多面的・多角的に考えることについて、「国枝慎吾さんを見て、ぼくがやる気を取り戻せたのはどうして」という問いに対しての考えを友達と話し合っていた様子や、道徳ノートにまとめていることから見取る。
　自己の生き方についての考え方の深まりについて、「なかなか思いどおりにいかないとき、どんな自分でありたいか」という問いに対し、個としての納得解を道徳ノートに書いているか見取る。

実践編 第2章

第2時（前半）本時
限りある人生でどのような自分でありたいかを考える

主題名
「限りある人生を生きぬく」D

内容項目：生命の尊重
提示教材：「最後のコンサートチェロ奏者・徳永兼一郎」

◀ 授業展開のポイント

本時の前半では、導入で、前時の学習と関連させて「人間として生きぬくとはどういうことですか」と問い、現段階での理解を共有する。そして、徳永兼一郎さんの生き方は人間として生きぬいたと言えるのかを話し合う。最後まで演奏に向かった徳永さんの生き方から、限りある命を懸命に生きることの尊さに気付けるようにする。

◀ 学びの見取りポイント

多面的・多角的に考えることについて、「最後まで演奏に向かえたのはどうして」という問いに対して、限りある命の使い方について、様々な側面から考えられているかを道徳ノートから見取る。

自己の生き方についての考え方の深まりについて、「人間として生きぬくとはどういうことですか」という問いに対し、前時の学びと本時をつなげることで考えを深めているかをビデオ記録・道徳ノートから見取る。

第2時（後半）本時
限りある人生でどのような自分でありたいかを考える

主題名
「限りある人生を生きぬく」D

内容項目：生命の尊重
提示教材：「最後のコンサートチェロ奏者・徳永兼一郎」

◀ 授業展開のポイント

本時の後半では、限りある生命を懸命に生きた徳永さんから学んだことを、個としての納得解として紡いでいく。そのために「限りある人生、どんな自分でありたいか」と問い、自己の在り方をまとめていく。まとめられたら発表し、全体で共有することで、さらに生き方についての考え方を深められるようにする。

◀ 学びの見取りポイント

多面的・多角的に考えることについて、「限りある人生、どんな自分でありたいか」という問いに対する友達の考えを聞き、自分になかった考えなどに気付いているかをビデオ記録・道徳ノートから見取る。

自己の生き方についての考え方の深まりについて、「限りある人生、どんな自分でありたいか」という問いに対し、共通解をもとに個としての納得解をもつことができたかを道徳ノートから見取る。

第2時の授業展開

展開①学習テーマの共有

人間として生きぬくことについて考える

前時の学びとつなげる

前時の学習のつながりから、「人間として生きぬくとはどういうことか」と問うと、子供からは「自分の努力を信じ抜くこと」「諦めないこと」「コツコツと努力を重ねること」などが挙げられた。

前時の学習で扱った国枝慎吾さんは「今まさに人間として生きぬこうと努力している人」そして、本時で扱う徳永兼一郎さんは「人間として生きぬいた人」ということが言える。そこで、命の有限性を図で示し、人生の終盤をどのように生きたのかについて着目できるようにする。そうすることで、小単元のねらいに迫ることができる。

展開②学習課題

学習のテーマをもとに課題を形成していく

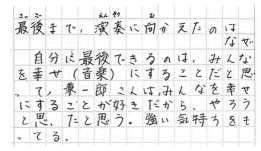

人物の生き方に学ぶ

教材「最後のコンサート」を提示した後、「徳永兼一郎さんは人間として生きぬいたと言えますか」と問う。そして、生きぬいたと言える理由を考える。そうすることで、子供たちは「最後までやりぬいたこと」「周りの人を最後まで喜ばせたこと」に着目するであろう。そこから「最後まで演奏に向かえたのはどうしてか」という課題を形成する。

そして、その課題に対しての考えをノートにまとめていく。まとめ終えた子供たちは、自由に考えを交流してよいことにしておき、そこで新たな考えが生まれたら付け加えてもよいことにしておく。

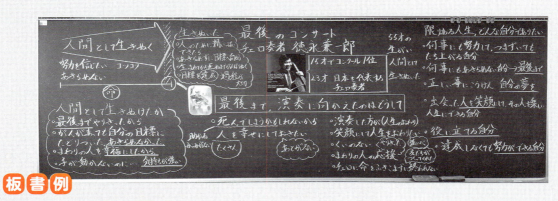

板書例

人間として生きぬくということについての既有の考えを左上に位置付ける。そして中央に中心発問を位置付け、右側に単元を通してのまとめを板書する。そうすることで、左から右にかけて、変容がわかる板書となる。

展開③ 共通解の共有

全体で話し合う

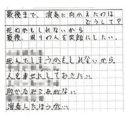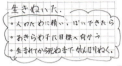

友達との話合いで考えが深まっていく

　個々の考えがもてたら、全体での話合いをはじめる。話合いでは、「命の有限性」「自己の強い信念」「周りの人への思い」などの様々な考えが出てくるであろう。そこでは、個々の考えを大切にするために、周りの子供に○○さんの考えがわかるかを問い返しながらつなげていく。

　そして話合いが「結局、人間として生きぬくということはどういうことなのか」ということについて向かうようにし、「人間として生きぬいたということは、限りある命を最後まで自己の信念や周りの人たちのために使い果たすこと」という共通解を見付けていく。

展開④ 納得解の紡ぎ

本時の学びとして、自己の在り方をまとめる

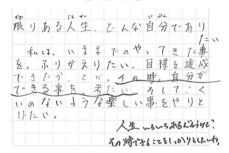

学習テーマについて自分なりの考えが明確になる

　人間として生きぬくことについて共通解をもったあとは、「限りある人生、どんな自分でありたいか」と問い、個としての望ましい在り方について考え、納得解を紡ぎ出していく。そして、まとめたものを発表し、様々な思いを共有することで、自己の生き方についての考えを深めていく。

　最後に、導入での図に立ち返り、自分たちは国枝さんのように「人間として生きぬこうとしている」存在であることを確認する。そして、今できることを精一杯することで徳永さんのように「人間として生きぬいた」存在に向かっていけるよう意欲付けをする。

課題探求型道徳科授業を目指す本時のポイント

●ユニットを意識し、前時と本時をつなげる

　前時に学んだことを導入で振り返ることにより、前時と本時がつながる。そうすることで、小単元のテーマである「人間として生きぬく」ということについての考えをより深いものにしていくことができる。

　また、前時までの学びを共有しておくことで、本時に学びが更新されたことがわかり、変容に気付くこともできる。学習テーマが単元を貫くことで、課題探求が進んでいく。

●「人間として生きぬく」というテーマを図で表す

　導入で命の有限性と「人間として生きぬく」ことを図で表す。そうすることで、自分たちは、まさに生きぬこうとしている最中であることがわかり、学習テーマと自己の生き方とがつながる。

　そして、今、自分は何を大切に生きていけばよいのか、限りある命を懸命に生きるとはどういうことなのかを自分との関わりの中で考えることによって、課題探求が進んでいく。

通知表記入文例

1学期　評価の観点と見取りの工夫

①自分との関わりで考える
自分の経験とつなげながら、教材から道徳的問題やよさを見いだそうとしている姿を見取る。

②物事を多面的・多角的に考える
友達と積極的に考えを交わし合っている姿を見取る。

③自己の生き方についての考えを深める
導入と終末での考えの変化や学びの深まりを道徳ノートから見取る。

①自分との関わりを考える

- 「教材の登場人物の行為から道徳的な問題、生き方のよさを友達と話し合いながら見付けていました。」
- 「友達が見付けた、登場人物の生き方のよさを聞くとき、頷きながら聞くなどして、共感する姿が見られました。」
- 「悩んだら自分の心の中にある天秤でしっかりと比べて、心残りをしないことが大切だと思うことができました。そして、見付けた問題に対し自分との関わりの中で考えを深めることができました。」
- 「友達が気付かなかった問題を見付け、発表したことが起点となり、その日の道徳の学習の学びが深いものとなりました。」

2学期　評価の観点と見取りの工夫

①自分との関わりで考える
話し合うときに、自分の経験と重ね合わせたり、自分だったらという視点で考えたりしている姿を見取る。

②物事を多面的・多角的に考える
友達の考えが、自分と同じ考えであったり、違う考えであっても、理解しようとする姿を見取る。

③自己の生き方についての考えを深める
登場人物の生き方のよさを見付け、自己の生き方へつなげようとする姿を見取る。

①自分との関わりを考える

- 「登場人物のとった行動を説明するとき『自分も前に励ましてもらえたのがうれしかったから、きっと○○も友達を励ましたかったのだと思う』と自分の経験とつなげながら理解を深めようとしました。」
- 「登場人物が本当のことを言うべきか迷っている場面では、『自分だったら嘘をついたままで生活するのは心が苦しくなるから、正直に言う』と明確な考えを述べることができました。」
- 「登場人物のとった行動を見て、もっと他の方法があったのではないかと疑問をもち、友達と話し合う中で、自分なら別の方法をとることを理由を添えて話すことができました。」

3学期　評価の観点と見取りの工夫

①自分との関わりで考える
自ら道徳的問題や生き方のよさを見いだし、それについて解決したり、考えを深めようとしている姿を見取る。

②物事を多面的・多角的に考える
生き方の答えは一つではないことに気付き、友達の考えと比較したり関連付けしたりしながら考えている姿を見取る。

③自己の生き方についての考えを深める
自己の生き方を自ら振り返り、自己の成長に必要なことを見いだそうとする姿を見取る。

①自分との関わりを考える

- 「教材を読むとすぐに、登場人物のとった行動についての問題やよさをつぶやくなど、主体的に生き方について考える姿が見られました。」
- 「登場人物の行動から、道徳的問題を見付けると、どのように解決すればよいかを、進んで近くの友達と話し合う姿が見られました。」
- 「1学期のときには、あまり目にもとめなかったような行動にも着目し、登場人物の生き方から学ぶ姿が見られました。」
- 「登場人物の生き方からよさを見いだすとともに、今の自分には同じ行動はできなくとも、そのような自分でありたいと願いをもつ姿が見られました。」

実践編 第2章

②物事を多面的・多角的に考える

- 「課題について話し合うとき、自分の考えを積極的に友達に伝え、一緒に解決していこうとする姿が見られました。」
- 「自分の考えをノートにまとめたら、他にまとめ終わった友達を見付けて進んで意見を交流しようとする姿が見られました。」
- 「ペアの友達と話し合う際、積極的に考えを交わし合い、それでも納得がいかないときは、違うペアに声をかけて、交流の輪を広げながら考えを深めていました。」
- 「友達が発表した考えにすぐに反応し、話合いを活発なものにして、考えを深めていました。」

③自己の生き方についての考えを深める

- 「授業の最初に考えていたことと、授業の最後に至った考えを比べて、どのような学びがあったかをまとめることができています。」
- 「道徳ノートに、自分の考えはもちろんのこと、友達の考えで生き方の参考になりそうなものをメモして、自分の考えに取り込むことができています。」
- 「話し合っている内容を自分の生活に置き換えたらどうなるかについて、主体的に考えることができました。」
- 「授業の中で、友達と交わした話の内容や、全体の意見交流で気付いたことをノートにまとめ、自己の考え方の成長を捉えることができています。」

②物事を多面的・多角的に考える

- 「教材の登場人物のとった行動についての考えが友達と違っていたとき、どうして友達はそのように考えたのかを理解しようとする姿が見られました。」
- 「自分と違う立場の考えも理解し、様々な考えが出てくることで、自分だけでは気付けないことを見付けられるというよさを理解することができています。」
- 「自分とは違う考えをもっている友達の意見をしっかりと聞き、様々な解決方法のよさがあることに気付きました。」
- 「友達の考えと違っていることのよさに気付き、意見交流の際には、相手の考えのよさにまで気付けるようになりました。」

③自己の生き方についての考えを深める

- 「登場人物の生き方のよさを見付けることを通して、そのよさをどのようにして自分の人生に生かすことができるかを考えていました。」
- 「実在した人物の生き方に感銘を受け、自分もそのような生き方をしたいと憧れをいだきました。他者を自己の鏡として、そのよさを自己の生き方に生かそうとする姿が見られています。」
- 「登場人物の生き方から、そのよさを見付けるとともに、実現するむずかしさを知ることができました。生きることは単純なことではないことに気付くとともに、よさを求めることで自己の生き方をよりよくしていけることにも気付きました。」

②物事を多面的・多角的に考える

- 「友達の考えを聞くとき、似ているけれどちょっと違うということに気付き、その違いを発表することで自分も周りの友達も考えを深めることができました。」
- 「友達が登場人物のとった行動について、どうしてそのようなことをしたのかについての意見を言っていたとき、自分の意見が関連していることに気付きました。そして、そのことを全体で発表したことにより、考えを深めることができました。」
- 「登場人物の生き方から学んだことを発表する際、友達の学びが多様であることに気付き、生き方に対する答えは一つではないと、腑に落ちて理解することができました。」

③自己の生き方についての考えを深める

- 「望ましい自分になっていくために必要なことは何かを考えられるようになってきました。」
- 「登場人物の生き方から学んだことをもとに、自己の生き方について振り返り、自分に足りないものを見いだすことができました。そして、よりよくなっていくために、自己の課題を乗り越えようとする前向きな心をもつことができました。
- 「1年間の道徳の学習を振り返り、道徳ノートを見返す中で、自己の成長に気付くことができました。」
- 「生き方について真剣に向き合えるようになった自分に気付き、これからも望ましい自分に向けて努力していこうと意欲をもつことができました。」

低学年 / 中学年 / 高学年

大単元テーマ

未来へつながる今の自分

5 年生の発達の段階を踏まえる

高学年の仲間入りをした５年生。自分を見つめるという点において自分のことを客観的に見ることができるようになっている子供、自分の目標を考えることができない子供、高学年としての自覚が芽生えてきた子供など様々な子供がいる段階である。その子供たち一人一人の発達の段階を踏まえて、「今の自分を見つめていくとはどういうことか」という考えを深めていけるユニットを構成していきたい。

1 年を通じて養いたい資質・能力

1　道徳的価値の理解
何が大切なのかということだけでなく、なぜ大切なのかを考えることができる力を養いたい。自分との関わりで考えていくことを大切にし、道徳的価値の意味を深く理解していけるようにしたい。

2　道徳的価値への思考力・判断力・表現力
自分と異なる考えを否定せずに理解していこうとする共感的な姿勢に支えられた思考力を養いたい。個人、集団、未来、自分など様々な視点から物事を考えて、納得する考えを選ぶ力、納得できないことへは疑問をもって探求していく力を養いたい。

3　道徳的学びに向かう力
自分を客観的に見つめ、自己の生き方を考えていく力を養いたい。今の自分を見つめることで、自己の課題に気付き、目指したい自己の生き方を具体的に意識しながら、他の人と語り合って考えを深めていく力を養いたい。

学びの見取りツール

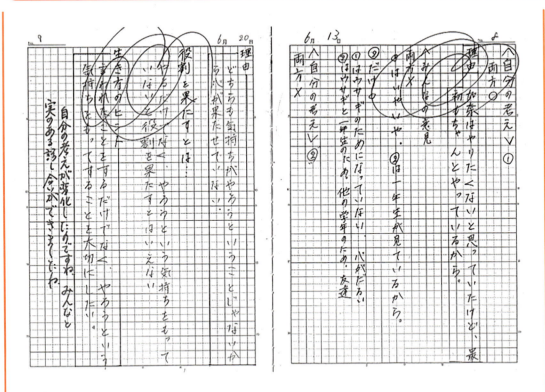

道徳ノート
子供が自分で工夫してまとめることができるように、方眼ノートを使用する。毎時間、教師のコメントを一言入れて返し、学習テーマについて考えを深めていけるようにしていく。

1年間を通じて子供の学習状況を把握するポイント

　道徳ノートは、「学習のテーマ」「本時の問いについての考え」「とらえた道徳的価値」「これからの自己の生き方に生かしていきたい学び」の４つを基本として必ず書くようにし、それ以外は子供が自由に感じたことを書き込むようにしておく。そうすることで、自己の生き方について新たにもった疑問や考えの変化を見取ることができるようにする。

　また、友達と話して心に残ったことは青字で書き込むようにしておくことで、対話の中で考えが深まる様子も把握することができるようにする。

カリキュラム・マネジメントを意識した年間計画

1学期

中単元テーマ：自分を見つめて

4月 【1時間】 オリエンテーション

【小単元①】**未来へつながる今の自分** 〈本書例〉
- 第1時　今の自分が未来をつくる　A(5)　「夢を実現するために」
- 第2時　節度を守った自分に　A(3)　「流行おくれ」

5月

- 第3時　役割を果たすとは？　C(16)　「わたしは飼育委員」

【小単元②】**人と分かり合うために**
- 第1時　謙虚な心で　B(11)　「すれちがい」
- 第2時　公平な態度で接するには　C(13)　「どうすればいいのだろう」

【1時間】礼儀の意義を考えて　B(9)　「あいさつって」

9月 【1時間】 自分の命を守る　D(19)　「命を守る防災訓練」

【小単元⑤】**力を合わせて生きていく**
- 第1時　男女関係なく協力して　B(10)　「絵地図の思い出」
- 第2時　役割を自覚して　C(16)　「ケンタの役割」

【1時間】きまりとは何だろう　C(12)　「公園のきまりを作ろう」

10月

【小単元⑥】**心からつながる友達に**
- 第1時　支え合う友達　B(10)　「友のしょうぞう画」
- 第2時　自分の心に誠実に　A(2)　「千羽づる」

【小単元⑦】**個性を生かしていくために**
- 第1時　自分らしさを大切に　A(4)　「『自分らしさ』を見つめよう」
- 第2時　互いを尊重し合って　B(11)　「ブランコ乗りとピエロ」

3学期

中単元テーマ：社会のなかで生きていく

1月 【1時間】 誰にでもやさしい社会を　B(7)　「マークが伝えるもの」

【小単元⑪】**社会に生きる自分**
- 第1時　自由の意味を考えて　A(5)　「うばわれた自由」
- 第2時　きまりって何のため？　A(3)　「お客様」

2月

【小単元⑫】**共に生きる**
- 第1時　差別のない社会へ　C(13)　「だれもが幸せになれる社会を」
- 第2時　だれもがみんなすばらしい　D(19)　「『同じでちがう』」
- 第3時　等身大のボランティア　C(14)　「クール・ボランティア」

実践編 第2章

（使用教科書：光村図書「道徳5 きみがいちばんひかるとき」）

6月 【小単元③】
生きていく尊さを感じて
第1時　命を精一杯生きる　D(19)
「命の詩－電池が切れるまで」
第2時　支え合う家族　C(15)
「祖母のりんご」

↓

【小単元④】
自然と共に生きていく
第1時　感謝の心をもって　B(8)
「水がわたる橋～通潤橋」
第2時　地域の伝統を受け継いで　C(17)
「曲げわっぱから伝わるもの」

7月
第3時　一人一人が守る自然　D(20)
「一ふみ十年」
第4時　みんなの大切な地球　D(21)
「宇宙から見えたもの」

↓

【1時間】
1学期の学びの振り返り

2学期

中単元テーマ
人とのつながりのなかで

11月 【小単元⑧】
人を思いやる心
第1時　相手の立場に立って　B(7)
「道案内」
第2時　自分の行動を見直して　A(1)
「いこいの広場」

↓

【小単元⑨】
自分らしく生きるって？
第1時　自分を信じてくじけずに　C(16)
「世界最強の車いすテニスプレーヤー」
第2時　自分らしく生き抜いて　D(19)
「最後のコンサート～チェロ奏者」

12月 【小単元⑩】
世界とつながる自分
第1時　伝統に誇りをもって　C(17)
「おおきに、ありがとう」
第2時　他国の文化を理解して　C(18)
「小さな国際親善大使」

↓

【1時間】
2学期の学びの振り返り

低学年／中学年／高学年

3月 【小単元⑬】
生きる喜び
第1時　生かされている自分　B(8)
「おばあちゃんからもらった命」
第2時　生きる意味を考えて　D(22)
「アンパンマンがくれたもの」

↓

【1時間】
1年間の学びの振り返り

作成のポイント

各学期の中単元テーマを考慮して、小単元（ユニット）をつくる。小単元は、テーマでつながる教材を複数組み合わせて構成する。子供にも小単元を通してテーマを意識させるため、学年に適した数があるが、5年生は4つくらいまでの教材を組み合わせることは可能。
異なる内容項目を組み合わせるため、テーマがひとつの内容項目に偏らないよう気をつけたい。他教科等の学習とも関連を図って組むと効果的である。

ユニットを構成しよう！

[小単元テーマ] 未来へつながる今の自分

ねらい

普段の自分の生活態度、集団のなかでの役割などの今の自分を見つめながら、将来なりたい自分につながる目標に向かって努力していこうとする実践意欲を育てる。

5年生になって初めてのユニットである。

5年生では、自分のことを客観的に見ていくことを大事にしていきたいので、まず将来の自分の目標の達成に向けて今の自分がすべきことを考えることからはじめる。

未来の夢を実現するのは、夢に直接つながる努力だけでなく、普段の生活の送り方そのものも大切だと気付いた後、A「自分自身に関すること」とC「集団や社会との関わりに関すること」をつなげてユニットを展開していく。

そして、自律した生活に向けてどういう心構えでいるべきか、高学年の仲間入りをした自分の役割とはどういうものかということを、夢を実現する自分を意識しながら考えられるようにしていく。

この3時間を通して、将来の夢の実現には、今の自分の努力が必要であり、その努力は人として自立し、社会に役立つ人間になることにもつながっていくのだということを感じられるようにしたい。

第1時　夢の実現のために大切なことを話し合おう

主題名

「今の自分が未来をつくる」A（5）

内容項目：希望と勇気、努力と強い意志
提示教材：「夢を実現するために」

授業展開のポイント

導入で将来の夢を実現するために今何か努力していることがあるかを問い、実際に努力している人は少ないことを全体で把握する。大谷選手の目標達成シートを見ながら夢を実現できた理由を話し合い、野球に直接つながることだけでなく、普段の生活態度にも気をつけて自分の人格そのものをよりよくしていこうと努力していたと気付くようにする。

学びの見取りポイント

多面的・多角的に考えることについて、「大谷選手がどんなことを考えながら練習をしていたのか」という中心発問に対しての考えを友達と話し合って気付いたことも含めて道徳ノートに書いているか見取る。

自己の生き方についての考えの深まりについて、大谷選手の生き方から学んだ「夢の実現には、人間性そのものを高めることも大切だ」という考えを含めて、自分の目標シートを作成しているか見取る。

実践編 第2章

第2時　節度ある生活について考えよう

主題名
「節度を守った自分に」A(3)
内容項目：節度、節制
提示教材：「流行おくれ」

授業展開のポイント

　導入で普段の生活のなかで度が過ぎた行動をとってしまいがちな自分に気付かせ、度を超えないような生活を送るために大切にすることを見付けていきたいという学習のめあてをもたせる。自分優先に考え、自分勝手に振る舞ってしまう「まゆみ」の気持ちにも共感する部分を語り合いながら、節度ある生活を送るために大事な心構えについて考えていく。

学びの見取りポイント

　自己の生き方について考えることについて、「節度を守った生活を送ることができているか」という視点で自分の生活を見つめ、課題だと感じることを友達と語り合うことができているかを見取る。
　多面的・多角的に考えることについて、度を超えてしまいそうになる気持ちを自分の体験を通して語り合うなかで、友達の語る自分にはない気持ちについても理解しようという姿勢で共感的に聞けているかを見取る。

第3時　疑問の解決を図ろう 【本時】

主題名
「役割を果たすとは？」C(16)
内容項目：よりよい学校生活、集団生活の充実
提示教材：「わたしは飼育委員」

授業展開のポイント

　導入で自分は高学年としての役割を果たしていると言えるかを問い、「役割を果たすとはどういうことか」という疑問をもたせる。「加菜」が飼育委員の仕事をする二つの場面どちらも役割を果たしていると言えるかについて全体で話し合いながら、「役割を果たすとはどういうことか」という疑問の解決に向かっていく。最後に単元全体の学習を振り返る。

学びの見取りポイント

　自分との関わりで考えることについて、「加菜は役割を果たしていたのか」という疑問に対して自分の考えをもち、その理由を詳しく述べながら話合いに参加しているかを見取る。
　話合いによって自己の生き方についての考えを深めていくことについて、「加菜は役割を果たしていたのか」という疑問に対する自分の考えの理由や、友達との話合いによって新たにもった考えを道徳ノートに書いていることを見取るようにする。

低学年　中学年　高学年

第3時の授業展開

展開① 学習テーマの共有

自分は役割を果たせているかどうか考える

自分の考えをノートに書く

　高学年としての役割について問うと、子供から「委員会」という仕事や「学校を引っ張る」という立場などが挙げられる。そして、「自分はその高学年としての役割を果たせていると思いますか」と問い、道徳ノートに今の自分への評価を書かせる。
　これは自己評価なので、どんな評価でもかまわない。大事なのは、その理由を書かせることで、理由のなかにその子供の役割に対する考えが出てくるので、必ず記録させるようにしたい。その理由を語り合った後、本時の学習のテーマを話し合って決める。

展開② 学習課題

自分の考えを自由に語り合う

出典「道徳5 きみがいちばんひかるとき 光村図書」

　教材「わたしは飼育委員」を提示した後、1年生が来る前と後の「加菜」の仕事の場面絵を示し、『加菜』はこの2つの場面で役割を果たしていたと言えますか」と問う。
　「両方で果たしていた」「片方だけで果たしていた」「両方で果たしていない」の3つの考えを赤白帽子で示し、そう考える理由を自分でノートにまとめる。
　そのとき、自由に友達と話してよいことにしておき、考えも途中で変わってもかまわないことにしておく。子供は自由に語り合ったり、自分でじっくり考えたりしながら、理由をまとめていく。

板書例

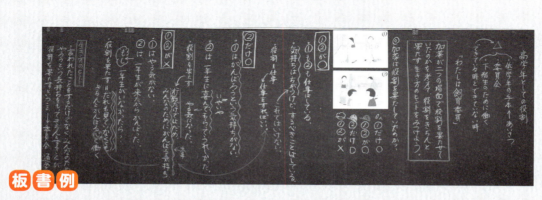

3つの考えを並べて板書し、子供の発言をもとにして違いや関連がわかるように矢印等で結ぶ。

実践編 第2章

展開③ 共通解の共有

全体で話し合う

全体で話し合い「共通解」を見付ける

　自分の考えがもてたら、全体での話合いをはじめる。話合いでは、役割を果たしているかいないかよりも、そう考える理由を大事にして話し合っていく。
　理由がある程度出てきたら、だんだんと「役割を果たすとは、～ということだと考えているということかな」と返すようにしていき、話合いが「役割を果たすとはどういうことなのか」ということについて向かうようにし、「役割を果たすとは、誰も見ていなくても、みんなのためにがんばろうという気持ちで働くこと」という「共通解」を見付けていく。

展開④ 納得解の紡ぎ

本時で学んだことをノートにまとめる

「納得解」をノートにまとめる

　役割を果たすということについて共通解をもったあとは、「誰が見ていなくても、みんなのためにがんばろうという気持ち」で働いていたかどうか、これまでの自分を振り返る。
　これまでの自分がどうだったか把握できたら、今の自分に必要だと思う心を選び、納得解である「生き方のヒント」として各自でノートにまとめ、発表し合う。
　授業の最後に、小単元（ユニット）の学習を通して、今の自分を見つめ未来の自分を考えていくことについての自分の考えの変容をノートにまとめる。

低学年　中学年　高学年

> ### 課題探求型道徳科授業を目指す本時のポイント

● **自己の生き方の課題と教材の登場人物の課題をつなげる**

　「役割を果たす」ということについて、導入で高学年としての役割の視点から自己の生き方を見つめ、全体で学習のテーマをもつ。それを意識しながら教材を読み、主人公の行動について同じ「役割を果たす」という視点で考えていくことで、「自分の役割をきちんと果たせる自分になるために大切なことを見付けたい」という自己の生き方の課題と教材をつなげられる課題探求が進んでいく。

● **自分の考えを視覚的に示す**

　「加菜」が役割を果たせていたかどうかについて、自分の考えを赤白帽子によって示すようにする。「赤」「白」「かぶらない」で3とおりの考えの立場を示すことができるので、子供だけで全体での話合いを進めやすくなる。立場を視覚的に示すと、子供同士の質問も出やすくなり、探求が深まっていく。立場は固定せず、自分の考えが変われば赤白帽子によって示し、新しい立場で話し合えるようにしておく。

通知表記入文例

1学期　評価の観点と見取りの工夫

①自分との関わりで考える
「～な気持ちって自分にもありますか」と教材の登場人物の気持ちと自分を重ねて考えられるように問い、共感的に自分を重ねて考えている姿を見取る。

②物事を多面的・多角的に考える
友達と積極的に考えを交わし合っている姿を見取る。

③自己の生き方についての考えを深める
導入と終末での考えの変化や学びの深まりを道徳ノートから見取る。

①自分との関わりで考える

- 「教材の登場人物の葛藤に対して、自分も同じように迷った経験を思い出しながら友達と話し合っていました。」
- 「友達の語る考えを、自分ならどう考えるかという視点で聞くことができていて、『私も○○さんと似たような気持ちになったことがあって～』と自分の経験を思い出して語り、深く考えていくことができていました。」
- 「つい自分勝手にふるまってしまったり、人の気持ちに気付かなかったりしてしまう人の心の弱さにも目を向け、自分にも同じような弱さがあることに共感しながら、考えを深めていくことができました。」

2学期　評価の観点と見取りの工夫

①自分との関わりで考える
自己の生き方への課題を意識しながら、教材の登場人物の生き方について考えている姿を見取る。

②物事を多面的・多角的に考える
友達の考えに付け足したり、質問したりしながら多様な見方をしている姿を見取る。

③自己の生き方についての考えを深める
これからの自分に必要な考えを理由と共にまとめているかを道徳ノートの記述から見取る。

①自分との関わりで考える

- 「教材の登場人物の考えを説明するときに、『例えば、みんなも～なことがあったら、こう思うと思います。』と、自分の経験から具体的な場面を例にして、みんなが考えやすいように説明することができました。」
- 「授業のはじめにもった自己の生き方について『どうしたら～できるようになるのだろう』『～ってどういうことなのだろう』というような課題や疑問を、教材の登場人物の生き方にも見付け、みんなに話すことができています。」
- 「授業で気付いた大切なことについて今までの自分はできていたかどうかを素直に自分を見つめて考えることができています。」

3学期　評価の観点と見取りの工夫

①自分との関わりで考える
1学期と比べて自分事として考えられるようになったことを見取る。

②物事を多面的・多角的に考える
1学期と比べて友達の考えを積極的に聞いたり、友達と異なる視点から発言できるようになったことを見取る。

③自己の生き方についての考えを深める
1学期と比べて、自己の生き方の課題を正直に認め、自分のよさを伸ばしていこうとしている姿を見取る。

①自分との関わりで考える

- 「1学期よりも、教材の登場人物や友達の考えに近い自分の考えや行動をすぐ思い出し、共感的に理解していくことができるようになってきました。」
- 「グループで話すときにも、『自分も～なことがあったとき、こんな気持ちになったから～』と自分の経験を引き合いに出して、自分の考えを詳しく語ろうとするようになってきました。」
- 「友達が語った考えに納得できにくいときには、詳しく話してもらうように頼み、みんなの考えを深めていくことができました。」
- 「正しいことができにくい人間の弱さにも気付き、自分の弱い心も素直に語るようになりました。」

②物事を多面的・多角的に考える

- 「教材の登場人物の行動や気持ちに関して理由も付け、積極的に語ることができています。友達の考えを聞くときは、納得できる考えに頷きながら聞くことができています。」
- 「インタビュータイムのときは、教材の登場人物の行動や気持ちについて自分からいろいろな友達に考えを聞きに行き、いろいろな考えを得ることができていました。」
- 「教材の登場人物の行動を支えた思いについて、グループで話し合ったときは、自分から疑問に思っていることをグループの人に質問して、話合いの視点を深めていくことができていました。」

③自己の生き方についての考えを深める

- 「授業のはじまりには、今の自己の生き方（考え方や行動）を思い起こして自分にとっての課題を発見してから、学習へと向かうことができています。」
- 「授業の終わりには、授業を通して自分が新しく気付いたことや、これまでよりもさらに大事にしたいと思えたことなどを道徳ノートにまとめることができています。」
- 「授業のはじめに、自己の生き方について特に課題を感じなかったときも、みんなと話し合っていくうちに、自分の考え方ではまだ足りなかったと気付いて、今までの自己の生き方に対する見方が変わったことを自覚できていました。」

②物事を多面的・多角的に考える

- 「いつも友達の考えを熱心に聞いています。自分にも同じ気持ちになることがあると思ったり、友達の考えに納得したりすると頷きながら聞いています。」
- 「隣の席の友達とペアトークをするときは、お互いの考えを伝え合った後、『他の考えって、もうないかな』と投げかけ、多様な考えを見付けようとしながら話し合っています。」
- 「1学期と比べて、いろいろな友達に話しかけていろいろな考えを聞こうとすることができています。自分になかった考えに出合うと、『確かに、そうかもしれない』と納得しながら、道徳ノートに友達の考えを書き込んでいました。」

③自己の生き方についての考えを深める

- 「授業の中で見付けた考えを『なっとくマーク』を用いて道徳ノートにまとめる工夫を行っていました。」
- 「授業の最後に、今の自分に必要だと思う考え方である『生き方のヒント』をまとめたとき、これまでの自分を思い出しながらその考え方が必要だと思った理由を道徳ノートに書くことができています。」
- 「授業のはじめに、自己の生き方を見つめるとき、どちらかというと自分のことを厳しく見ることが多いのですが、それだけ課題意識を強くもって授業に臨むことができているようで、いつも自分の考えを積極的に語りながら、自分に必要な生き方のヒントを見付けようとしています。」

②物事を多面的・多角的に考える

- 「1年を通して、いつも自分の考えを積極的に友達に話して、教材の登場人物や自己の生き方についての互いの考えを交わし合うことができました。」
- 「1学期よりも、友達の考えに対する自分の考えを頷きや拍手、挙手などで反応することができるようになってきました。」
- 「全体で出された考えに対して、『例えば、～の場合は、どうなるんだろう』と他の場面を提示して、みんなが別の視点から教材の登場人物の行動を考えることができるようにしました。」
- 「1年を通して、男女関係なくいろいろな友達のところへ行って、互いの考えを語り合っています。」

③自己の生き方についての考えを深める

- 「これまでの授業で学んだことをよく覚えていて、『前の道徳の時間にも話し合ったとおり、～だから…』というように、これまでに自分が学んだことを思い出しながら、話していることがよくありました。」
- 「『もし自分が大人になったとき、～だったら』というように、未来の自分も想定しながら、今の自己の生き方や教材の登場人物の生き方を考えることができていました。」
- 「自己の生き方の課題だけでなく、これまで自分が大切にしてきたことも思い出して、これから自分が大切にしていきたい考え方を見付けることができています。」

低学年　中学年　高学年

6年生 　　　　　　　　　　　　　　　　　　　　大単元テーマ

かかわり合いの中での自分

⑥ 年生の発達の段階を踏まえる

最高学年となる6年生は、これまで以上に友達を意識し、仲のよい友達との信頼関係を深めていこうとするが、考えを同じくする仲間集団をつくったり、自分と異なる考えは受け入れられなかったりする傾向も見られる。そのため、友達関係で悩んだりすることが多くなり、学校生活に不安を抱くこともある。友達とどう関わるか、互いに協力して学ぶとは、高め合うとはなど、よりよい人間関係を築く一助となるユニットを構成したい。

１ 年を通じて養いたい資質・能力

1　道徳的価値の理解
一定の道徳的価値に関わる物事を自分自身の生活について多様な観点から捉えて考えることができるようにしたい。自らが納得できる考えを導き出し、人間としてよりよく生きるために道徳的価値と向き合えるようにしたい。

2　道徳的価値への思考力・判断力・表現力
自分とは異なる多様な価値観、ときに対立がある場合を含めて、物事を多面的・多角的に捉えることができるようにしたい。さらに、自分の生活や考えを振り返り、主体的に取り組もうとする前向きな力を養いたい。

3　道徳的学びに向かう力
自分の生活体験を生かしながら、道徳的価値について客観的に振り返り、いかに生きるべきかを自ら考え続ける姿勢を養いたい。自らの成長を実感し、これからの課題に気付いたり目標を見付けたりできるようにしたい。

学びの見取りツール

ワークシート①
「学習テーマ」「教材に関する自分の考え」「振り返り」の3つの欄を基本にしておく。教師のコメントも書くようにしたい。

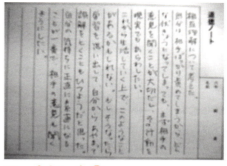

ワークシート②
罫線や白紙の用紙を用意しておき、自己を振り返るときや新たな課題が出てきたときなど自由に記述できるようにする。

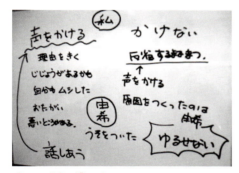

ホワイトボード
大きさは、四つ切り画用紙程度のものがよい。グループの話し合いのときなど、意見や考えを書き込める。

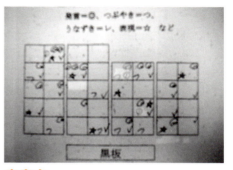

座席表
座席表に子供のつぶやきやうなずき、発言など簡単に記号を決めて(うなずきはレ点で表すなど)書き込むようにする。

1年間を通じて子供の学習状況を把握するポイント

　ワークシートは、基本の欄のほかに、罫線だけの用紙や白紙なども用意し、自由に利用できるようにしておきたい。はじめからファイリングしておくと、ノートのように使うことができる。ユニット後の学習の振り返りをしたり、学期ごとに強く心に残っているものを聞いたり、自己の生き方について考えたりしていくと、子供の成長や変容を見取ることができる。また、発言や記述が苦手な子供の学習状況については、座席表の教師のメモから把握することができる。毎時間の座席表の見取りを積み重ねていくと、子供の学習の様子がわかる。友達と対話する中で考えが深まる様子もホワイトボードや座席表などからわかる。必要に応じて面接を行って直接聞くことは、子供の理解につながる。

カリキュラム・マネジメントを意識した年間計画

1学期
中単元テーマ：自己を見つめて

4月 【1時間】 オリエンテーション

【小単元①】よりよく生きる
- 第1時　未来に向かって　D⑳
  「まどさんからの手紙――こどもたちへ」
- 第2時　大切な権利　C⑫
  「世界人権宣言から学ぼう」

5月 【小単元②】自分らしくとは
- 第1時　あきらめないで　A⑸
  「自分を信じて――鈴木明子」
- 第2時　個性を知って　A⑷
  「ぬくもり」
- 第3時　節度を守って　A⑶
  「なれなかったリレーの選手」

【1時間】真心をもって
「すんまへん」でいい

9月 【小単元⑤】友達とわかり合うために
- 第1時　友達だから　B⑩
  「コスモスの花」
- 第2時　だれにでも公正・公平な心で　C⑬「泣き虫」

【小単元⑥】自分の役割
- 第1時　相手を思いやって　B⑺
  「今度は、ぼくの番」
- 第2時　よりよい学校を目ざして　C⑯
  「六年生の責任って？」

10月 【小単元⑦】強い意志をもって
- 第1時　真の姿を求めて　A⑹
  「日本植物分類学の父――牧野富太郎」
- 第2時　志をもって　A⑸
  「小川笙船」

【1時間】働く喜び　C⑭
「働く」ってどういうこと？

【1時間】郷土を大切に
「ようこそ、菅島へ！」

3学期
中単元テーマ：共生とは

1月 【1時間】責任を自覚して　A⑴
「気に入らなかった写真」

【小単元⑪】共に生きる
- 第1時　差別のない世界を求めて　C⑯
  「私には夢がある」
- 第2時　他国の人々と助け合いながら　C⑱
  「エルトゥールル号――友好の始まり」

2月 【小単元⑫】感謝の気持ち
- 第1時　その人のために　B⑺
  「最後のおくり物」
- 第2時　家族に対する思い　C⑮
  「ぼくの名前呼んで」
- 第3時　支えてくれた人々に　B⑻
  「ありがとう」の気持ちを伝える

実践編 第2章

（使用教科書：光村図書「道徳6 きみがいちばんひかるとき」）

6月
【小単元③】
責任ある行動
第1時 法やきまりを守って C⑫
「ここを走れば」
第2時 自分の判断で A⑴
「マイルール」
第3時 自分の役割を果たす ⑯
「子ども会のキャンプ」
第4時 理解し合うために B⑪
「みんな、おかしいよ！」

7月
【小単元④】
自然と共に
第1時 自然を大切に D⑳
「海のゆりかご──アマモの再生」
第2時 命がつなぐもの D⑲
「命の旅」

↓
【1時間】
1学期の学びの振り返り

2学期

中単元テーマ
他者との関わり

11月
【小単元⑧】本事例
関わり合いの中での自分
第1時 友達を信じるとは B⑩
「ロレンゾの友達」
第2時 自分の心に誠実に A⑵
「手品師」
第3時 広い心で B⑪
「どうすればいいの？」

↓
【小単元⑨】
かけがえのない命
第1時 心の美しさ D㉑
「マザー＝テレサ」

12月
第2時 つながる命 D⑲
「命のつながり」

↓
【小単元⑩】
世界とつながる
第1時 感謝の心を伝えるために B⑻
「五十五年目の恩返し」
第2時 他国の人々のために C⑱
「ブータンに日本の農業を」

↓
【1時間】
2学期の学びの振り返り

低学年 / 中学年 / 高学年

3月
【小単元⑬】
生きる喜び
第1時 かけがえのない命 D⑲
「おじいちゃんとの約束」
第2時 よりよく生きるために D㉒
「一さいから百さいの夢」

↓
【1時間】
1年間の学びの振り返り

作成のポイント

学期ごとの中単元テーマをそれぞれ「自己を見つめて」「他者との関わり」「共生とは」で構成する。
小単元（ユニット）は、テーマでつながる教材を複数組み合わせて構成する。
学期末の学びの振り返りは、子供自身の成長や変容を大くくりのまとまりとして自己内評価をしていく。年間35時間の中では収まらないため、工夫が必要である。

ユニットを構成しよう！

[小単元テーマ]
関わり合いの中での自分

ねらい

子供にとって、友達の関係は最も重要な関わり合いの一つであり、学びや遊びを通して互いに影響し合い構築される。相互の多様さを認め合い理解し合うことで、よりよい人間関係を築いていく。

友達は家族以外で特に深い関わりをもつ存在である。ここでは、「友達とは、友情とは何か」を考え、よりよい友達関係を築いていこうとする心情を育てる。まず、友達の捉え方を広げ深め、今の自分を見つめることができるようにしたい。自分が大切だと思うことを正直に、心のままに表すことができるかを振り返り、そのむずかしさに気付けるようにする。その上で、自分の意見や考えを相手に伝えるとともに、自分とは異なる意見や立場を尊重し相手への理解を深め、自らも高め合う関わり合いを考えるユニット構成になっている。

高学年の発達段階では、自分のものの見方や考え方について認識が深まることから、相手のものの見方や考え方との違いをこれまで以上に意識するようになる。このような時期だからこそ、相手の意見を聞き、相手の立場に立って考える大切さを養いたい。相手への理解を深めることが、自らを高めていくことに気付き、人としてよりよい関わり合いを考え深める時間にしたい。

第1時 よりよい友達関係を築く

主題名
「友達を信じるとは」B⑩

内容項目：友情、信頼
提示教材：「ロレンゾの友達」

授業展開のポイント

3人の友達の思いの中で、自分に一番近い意見を考えさせ、ネームプレートを貼り、自分の立場を明確にした上で、自分ごととして捉えることができるようにした。展開終盤では、3人で話したことをロレンゾに伝えるかと発問を投げかけ、客観的な立場で考え、友達を信じることについて話し合い、自分の求める友達像を出させるようにする。

学びの見取りポイント

学習の振り返りで「あなたは、友達にとって、どんな友達だろう」と発問する。この意図は、自分を見つめることと友達がこうあってほしいという他人への要求だけに終わることなく、自分が誰かにとってどうあるかという視点で考えさせたいと思ったからである。道徳ノートには、「友達について、わかったこと、考えたこと」を書かせた。道徳ノートに記録することで、自分自身の考え方や成長を見つめる機会になる。

実践編 第2章

第2時 誠実に生きることのよさに気づく

主題名
「自分の心に誠実に」A(2)

内容項目：正直、誠実
提示教材：「手品師」

授業展開のポイント

「手品師はどんな人か」を問い、次に「手品師はどんなことを考えて迷っているのか」と発問し、その理由をノートに書かせる。次に学級を半分に分け、「大劇場」派と「約束」派で、話し合う。途中で立場を入れ替え、両方の立場を体験する。展開後半では、「大切にしたいもの、失いたくないもの」について話し合い、手品師の生き方に迫るようにする。

学びの見取りポイント

「何を大切にしたい、失いたくないか」という発問は、子供が自分のこととして考えることができるので、記述したものから評価ができる。話合いは小グループから全体にもっていくとよい。「約束を守る気持ちが大切」という意見が多く出るが、話し合う中で手品師の人柄や本質に触れるような意見も出てくる。終末では、手品師の生き方から学んだこと、考えたことを書かせたい。誠実な生き方への気付きを自分の言葉で表現させたい。

第3時 相手を受けとめる力を培う 本時

主題名
「広い心で」B(11)

内容項目：相互理解、寛容
提示教材：「どうすればいいの？」

授業展開のポイント

事前に、友達の過ちを「許せた経験」「許せなかった経験」についてアンケート調査する。導入ではその結果から教材に入るようにする。最初に3人の関係性を押さえ、主人公の立場に立って自分はどうするかを考えさせる。グループでの話合いを通して、多様な意見をホワイトボードに記入し、全体で共有してから、再度自分を振り返るようにする。

学びの見取りポイント

この学習では「人は誰しも過ちを犯すことがある。その過ちを寛大な心をもって許すことができるのは、自分に対して謙虚であるからこそである」ことに気付かせたい。ほんの些細な思い違いや言葉から、人は傷ついたり、傷つけられたりする。互いに相手を理解しようと努め、互いに認め合わなければ、よりよい人間関係は築けないことを再確認する。学習の振り返りでは、自己を見つめ、前向きな考えや建設的な意見を書かせたい。

低学年　中学年　高学年

第3時の授業展開

展開① 学習テーマの共有

友達を許せないのはなぜなのかを考える

許せる？　許せない？

友達の過ちを「許せた経験」と「許せなかった経験」をアンケートで調査しておき、多く見られた事例をそれぞれ複数提示して、共通して言える傾向や特徴を考える。6年生になると、いくつかの事例から一般的傾向を見付け出せるようになるので、許せるかどうかを学級全体の意見と自分の意見を比べながら考えるようにする。同じ事例でも「許せない」という感情を抱いた子供と「許せる」という子供がいるので、どんな心で向き合い、どう考えていけばよいのか、自分の課題となるようにしていきたい。そこから「広い心」という本時の学習テーマを導き出すようにする。

展開② 学習課題

「自分だったら」という視点で考える

登場人物への自我関与

教材「どうすればいいの？」を提示した後、登場人物3人の関係を相関図で表し、仲よしだったのに突然避けられるようになったことを押さえる。ここでは、言葉や行動、心情なども確認しておきたい。また、クラスメートの男子の役割にも気付かせたい。
　そのとき、主人公が「どうすればいいのだろう」となぜ悩みはじめたのかを確認しておく必要がある。その上で、主人公の悩みを解決していくために「自分だったらどうするか」を考えていく。自分の考えがある程度まとまったら、自由に友達と意見交換してもよいことにしておく。

板書例

主人公の独りぼっちで辛かった気持ち、うそをついた由希を許せない気持ち、一人寂しそうな姿を見て葛藤する心情を確認してから、課題解決につなげていく。

実践編 第2章

展開③ 共通解の共有
グループで話し合った後、全体で共有する

多面的・多角的な思考を促す

　自分の考えがもてたら、近くの友達とグループになり話し合う。話し合いでは、考えを一つにまとめるのではなく、そう考えた理由を大切にして話し合いを進めていく。
　「許すことができない」「理解しようとする」「理解してもらおうとする」「許す」などさまざまな立場によって、意見や策が異なってくるので、よりよい友達関係や学校生活が送れるように多面的・多角的な視点から共通解を求めていくようにする。グループで出た意見や考えはホワイトボードに記入し、全体での話合いで共有する。

展開④ 納得解の紡ぎ
本時の学びを振り返り、自分の考えを書く

探究のまとめを再考

　広い心で相手の過ちを許すことで、自分の心も晴れやかになり、これからの友情関係も改善に向かうという共通解が出た後は、自分を振り返り「互いに相手を理解し、認め合いよりよい友達関係を築いているか」を再確認したい。自分を振り返るポイントとしては、「素直な気持ちで向き合っているか」「相手の立場に立って考えているか」「異なる意見を受け止めているか」など客観的に見つめる視点が大切である。導入時のアンケートから自分を振り返ることもできる。授業の最後に、小単元（ユニット）の学習を通して、これからの自分はどうありたいかを考え記述する。

低学年 中学年 高学年

課題探求型道徳科授業を目指す本時のポイント

● 自己の生き方の課題と教材の主人公の課題をつなげる

　導入で、友達の過ちを「許せた経験」と「許せなかった経験」を提示し、全体で学習のテーマ「広い心」を確認する。教材は、仲よしグループから避けられる主人公の心の葛藤が描かれていて、誰にでも起こりうる課題である。主人公の課題がそのまま自己の生き方の課題ともつながってくる。「広い心」という視点をもって課題探求を進めていきたい。

● ホワイトボードで意見や考えを示す

　グループでの話合いのときには、ホワイトボードを使用し、皆からの意見を図や言葉などで表すようにする。
　黒板にそのまま貼ることができるので、発表や説明もしやすく、全体の話合いも子供だけで進めやすくなる。視覚的にも同じ意見、異なる意見を整理しやすく、わかりやすく提示できるため、子供からの質問や探求も出しやすくなる。

通知表記入文例

1学期　評価の観点と見取りの工夫

①自分との関わりで考える
教材の登場人物の気持ちと自分を重ね、共感的に考えられているか見取る。

②物事を多面的・多角的に考える
友達と積極的に話し合ったり、意見交換したりしているか見取る。

③自己の生き方についての考えを深める
導入と終末での考えの変化や学びの深まりを記述や学習の様子から見取る。

①自分との関わりを考える

- 「教材の登場人物の気持ちと行動を重ね、『自分も間違った行動をすることがある。友達の失敗を責めるのではなく、努力も認めたい』と発言する様子が見られました。」
- 「授業を通して、責任を果たすということについて考えることができました。ノートには自分の任された仕事に前向きに取り組もうとする記述が見られました。」
- 「主人公がとった行動の是非について意見を出しました。友達のためにはどうすることがよかったのか、意見を交わすことを通して自分自身の行動を振り返ることができました。」

2学期　評価の観点と見取りの工夫

①自分との関わりで考える
教材の登場人物の生き方から自己の生き方について考え、これからの自分を見つめているか見取る。

②物事を多面的・多角的に考える
友達の考えと自分の考えを比べ、多様な見方を知り、それを理解しているか見取る。

③自己の生き方についての考えを深める
自己を振り返った上で、これからの自分に必要なことを考えているか記述から見取る。

①自分との関わりを考える

- 「教材の登場人物の判断とその行動をいろいろな視点から考えて発言することができました。また、自分だったらその行動をとることができるかを真剣に考えました。」
- 「授業を通して、目標に向かって取り組むことの大切さに気付きました。ノートに今の自分を振り返って、できることからはじめてみたいと綴っていました。」
- 「主人公の行動について、自分とは違う考えだが理解できると肯定的に受け止めていました。その後の話合いでも友達の意見を真剣に聞き、自分の意見を述べることができました。」

3学期　評価の観点と見取りの工夫

①自分との関わりで考える
1学期と比べ、道徳的な課題を自分事として捉えて考えているか見取る。

②物事を多面的・多角的に考える
1学期と比べ、友達の考えを共感的に聞いたり、発言したりしているか見取る。

③自己の生き方についての考えを深める
1学期と比べ、自己の生き方の課題を見付け、自分のよさを伸ばしていこうとする姿を見取る。

①自分との関わりを考える

- 「親切に関わる学習では、自分がこれまで親切にしてきたときの理由や思いを振り返り、親切にする喜び、親切にされる喜びについて友達と考えを交流していました。」
- 「主人公がとった行動に理解を示し、自分の欲求に流されて、したいことを優先してしまったり、周りの雰囲気に流されてしまったりと、自分にもある弱さを認めて考えを述べることができました。」
- 「授業を通して、規則を守ることは大切だが、それ以上に規則の意味を考えて行動することの大切さに気付き、自分を見つめ、内省することで学びを深めていました。」

実践編 第2章

低学年

②物事を多面的・多角的に考える
- 「友達と意見を交わしていく中で、人に親切にすると相手だけではなく、自分もまわりの人も温かな気持ちになることに改めて気付くことができました。」
- 「主人公のとった行動について、真剣に議論することができました。小さな誤解や思い込みがきっかけで友達を傷つけることに気付きました。ノートにも自分自身の振り返りが記述されていました。」
- 「規則の尊重に関わる学習では、課題につながる発言をし、自分の考えを述べました。自分と異なる意見の理由や思いを聞き、よりよい考えを模索していました。」

③自己の生き方についての考えを深める
- 「授業のはじめに、家族の思いを想起しながら生命の尊さの学習に向かいました。『受け継いだ命を大切にしたい』と自分と家族の生命の尊さについて考えを深めました。」
- 「『どんな仕事にもそれぞれ大切にしていることがある』という書き出しで、今自分がしなければならないことについて意欲的に取り組もうとする記述が見られました。」
- 「授業を通して、いくつかの課題についてグループで話し合う中で、自分と同じ意見や異なる意見に気付き、友達と深く考えることの楽しさやよさを実感していました。」

中学年

②物事を多面的・多角的に考える
- 「友情についての話し合い活動では、友達のためにどうすればよかったのか、いろいろな立場から意見を交わしました。自分自身の行動を振り返ることもできました。」
- 「友達と意見を交わしていく中で、自分と異なる考えをよく聞きそれを認めたり、自分の考えを伝えようしたりすることで、よりよい関係を築けることを学びました。」
- 「望ましい生活習慣について、主人公の立場で考え、友達の意見も取り入れながら、節度ある生活の大切さを自分の生活を振り返って考えることができました。」

③自己の生き方についての考えを深める
- 「課題について意欲的に話し合いに参加しています。『相互理解・寛容』の学習では、日常生活での体験と対比させながら、お互いに理解し合うことの大切さについて考えを深めました。」
- 「感謝についての学習では、自分を支えてくれる人々の存在に気付き、それに応える自分について深く考えることができました。」
- 「『思いやりとは、こちらからの一方的なものではなく、相手の立場も考えることが大切である。今まではそこまで考えずに行動していた』と自分を振り返り、深く自分を見つめる姿がノートの記述から見られました。」

高学年

②物事を多面的・多角的に考える
- 「年間を通して話合い活動では、挙手や発言を積極的に行っています。友達と意見交換をすることで、いろいろな視点から考察することができました。」
- 「話合い活動では、友達の意見を聞き、自分の考えもきちんと伝えています。他者を受容する姿勢が立派です。ノートからも相手の立場や気持ちをよく理解していることがわかります。1年間の心の成長を感じ取れます。」
- 「主人公の生き方について、自分が感銘したことを積極的に友達に話しています。友達の考えも参考にしながら、自分の生き方について考えを深めることができました。」

③自己の生き方についての考えを深める
- 「課題に対して自分自身を見つめ、よりよい自分を目指していこうとする意欲が感じられます。」
- 「授業の振り返りでは、『リーダーとして大切なのは、チーム全体をよく見て、仲間のことを考え、皆が納得することを考え判断すること』と話合いをもとに自身を見直し道徳的価値を再構築することができました。」
- 「自分自身の失敗の経験を振り返り、他の人が失敗したときも認め、励まし、許すことが大切だと力説しました。説得力ある発言は、皆が深く考えるきっかけになりました。ノートには『優しく仲間を見守りたい』とありました。」

おわりに

　今、わが国の道徳教育は時代の転換期を迎えている。昭和33（1958）年から半世紀以上を道徳教育論の是非に費やし、これから先のわが国の人材育成の視点として不可欠な要件である道徳教育を語るとき、やはりそこで問われるのは道徳学びを通して何を子供たちに伝えていくのかという巨視的な部分での骨太な議論であろうと考える。

　これまで半世紀以上にわたって各学校で進められてきた「道徳の時間」の指導は、各地域や各学校、各教師の教育的理解努力や指導意欲、社会的価値観認識の違いから、有名無実の形骸化されたものとして引き継がれてきた実態がある。言わば、やってもやらなくても不問に処すといった教育界の暗黙の了解、道徳教育の本来的な目的や意味内容をきちんと知らされずに迎合する片棒を担がされてきた保護者や国民等が道徳＝国家権力の象徴といった「道徳悪玉論」を正当化してきた経緯や背景を無視するわけにはいかない。今般、「特別の教科 道徳」＝道徳科として新たにスタートすることとなったわけであるが、今度こそ同じ轍を踏むことなく、大樹となるよう育てていきたいと考える。

　もちろん、教科になったからといってもその前途は決して平坦ではない。これまで続いてきた「道徳の時間」の指導は各教科とはあまりにも異なる指導方法であったからである。押し付けを極度に嫌い、子供の主体性に任せると言いつつ、それとは裏腹に設定したねらいから微塵も逸れることなく仕組まれた発問構成で一気に畳みかけてゴールへ突き進むといった典型的な指導スタイルが蔓延していたことは紛れもない事実である。

　そんな道徳授業を「特別の教科 道徳」へ移行転換したタイミングを受けて、指導方法理論そのものの前提から問い直そうと提案したのが「パッケージ型ユニット＆課題探求型道徳科授業」による指導理論である。お陰様で、各地にこの提唱理論を実践してくださる学校や教師の方々が増えてきた。あとは、道徳科授業実践理論として理解を深めつつ、実践的検証段階へ踏み出すだけである。

　この度、東洋館出版社の高木 聡氏より小・中学校道徳科活性化の一助として声をかけいただき、これからの道徳科活性化実践理論として世に送り出すことができた。また、その思いに賛同してくださった全国の実践家の同志が素晴らしい事例を踏まえて理論提唱の妥当性の今後益々の道徳科授業改革の可能性を証明してくださった。有り難いことである。

　何も蒔かない畑からは何も生えてはこない。まずは「パッケージ型ユニット＆課題探求型道徳科授業」による指導理論の浸透・普及の種蒔きに当面は邁進することこそ意味があろうと考えている。そして、その実践的検証の積み重ねから新たな知見を見いだしたり、さらなる道徳科活性化時代へつなげたりしていけるように期待したい。

　本書は、そんな道徳科新時代の幕開けにふさわしい教科教育型道徳科授業改革提案であり、末広がりに続くわが国道徳教育の一里塚としての役割を果たすものである。

平成31年3月吉日

田沼 茂紀

田沼 茂紀 (たぬま しげき)

國學院大學人間開発学部初等教育学科教授

新潟県生まれ。上越教育大学大学院学校教育研究科修了。國學院大學人間開発学部初等教育学科教授。専攻は道徳教育学、教育カリキュラム論。
川崎市公立学校教諭を経て、高知大学教育学部助教授、同学部教授、同学部附属教育実践総合センター長。2009年より國學院大學人間開発学部教授。同学部長を経て現職。日本道徳教育学会理事、日本道徳教育方法学会理事、日本道徳教育学会神奈川支部長。

[主な単著]『表現構想論で展開する道徳授業』1994年、『子どもの価値意識を育む』1999年、『再考－田島体験学校』2002年（いずれも川崎教育文化研究所）、『人間力を育む道徳教育の理論と方法』2011年、『豊かな学びを育む教育課程の理論と方法』2012年、『心の教育と特別活動』2013年、『道徳科で育む21世紀型道徳力』2016年、『未来を拓く力を育む特別活動』2018年（いずれも北樹出版）等。

[その他の編著]『やってみよう!新しい道徳授業』2014年（学研教育みらい）、『特別の教科道徳　授業&評価完全ガイド』2016年（明治図書出版）、『小・中学校道徳科アクティブ・ラーニングの授業展開』2016年（東洋館出版社）、『中学校道徳アクティブ・ラーニングに変える7つのアプローチ』2017年（明治図書出版）、『道徳科授業のつくり方』2017年（東洋館出版社）、小学校編・中学校編分冊『指導と評価の一体化を実現する道徳科カリキュラム・マネジメント』2017年（学事出版）、小学校編・中学校編分冊『道徳科授業のネタ&アイデア100』2018年（明治図書出版）、監修『個性ハッケン!50人が語る長所・短所（全5巻セット）』2018年（ポプラ社）、ほか多数。

[小学校] 道徳科授業スタンダード
「資質・能力」を育む授業と評価「実践の手引き」

2019（平成31）年3月15日　初版第1刷発行

```
編著者    田沼茂紀
発行者    錦織圭之介
発行所    株式会社　東洋館出版社
         〒113-0021　東京都文京区本駒込5-16-7
         営業部　電話 03-3823-9206／FAX 03-3823-9208
         編集部　電話 03-3823-9207／FAX 03-3823-9209
         振替　00180-7-96823
         URL　http://www.toyokan.co.jp
装　幀    中濱健治
印刷・製本 藤原印刷株式会社
```

ISBN978-4-491-03669-4　Printed in Japan

JCOPY　〈(社)出版者著作権管理機構　委託出版物〉
本書の無断複写は著作権法上での例外を除き禁じられています。複写される場合は、そのつど事前に、(社)出版者著作権管理機構（電話 03-5244-5088, FAX 03-5244-5089, e-mail：info@jcopy.or.jp）の許諾を得てください。